U0009707

FEAR LESS
內在獲勝

HOW TO WIN
AT LIFE WITHOUT LOSING YOURSELF

別再假裝堅強
讓心理學博士告訴你如何破除恐懼迷思
找回幸福的驅動力

PIPPA GRANGE
皮帕・葛蘭琪

郭騰傑——譯

獻給阿布萊爾（Ablaye）——

你腳踏實地的視角和對生命的熱愛確實鼓舞人心。

也提醒了我，減少恐懼能讓人生如此豐收。

目錄
CONTENTS

第二部
PART 2

面對及戰勝恐懼

第三部
PART 3

恐懼的各種樣貌

第四部

PART 4

通往內在獲勝之路

各界好評

唯有貼近恐懼，才能化解恐懼。在那個看似黑暗且驚人的迷霧裡，深藏了許多關於你內心豐富的訊息。作者用溫柔的文字，陪伴你更靠近真實的自己。

——胡展誥（諮商心理師）

我最喜歡「臣服」這部分。臣服不是棄械，而是接受自己無法掌控全局、坦然迎接變數的心境，是對恐懼最柔軟的回應。

——劉仲彬（臨床心理師）

有種恐懼叫勝利，害怕從此不再贏，所以有些人成功了依然不快樂。這本書將幫助你內在先勝利，才能勇敢面對外在的壓力。

——鄭俊德（閱讀人主編）

我在諮詢中見過許多「成功人士」，世人眼裡功成名就的他們卻依然焦慮不安、無法滿足，也難以獲得幸福感。翻開這本書可以自我檢視，驅使你前進的，到底是「追」還是「逃」？

——盧美妏（諮商心理師、人生設計實驗室創辦人）

葛蘭琪是讓英格蘭隊邁向世界盃的關鍵，她確實讓英格蘭隊成了一支更好的球隊。

——劍橋公爵威廉王子

英格蘭隊的心理強度比往常都更好，這都要歸功於葛蘭琪。

——《衛報》

世界盃 PK 大戰奇蹟背後的那個女人。

——《每日郵報》

本書鼓勵我們審視恐懼根源，了解甚至擁抱恐懼，讓我們更能活出精彩。我推薦這本書。

——朱莉亞．山繆（Julia Samuel），心理治療與悲痛輔導師、作家，
著有《悲傷練習》（*Grief Works: Stories of Life, Death, and Surviving*）。

葛蘭琪博士巧妙地點出阻礙我們獲得喜悅、表達自我和獲得成功最深層的原因，就是恐懼。本書引人入勝，也針對恐懼提出有效的解決方法。

——嘉柏．麥特（Gabor Maté），心理醫生、作家，
著有《當身體說不的時候》（*When The Body Says No: The Cost of Hidden Stress*）。

實用、有力、深刻。葛蘭琪的書能帶領我們擺脫阻礙，勇敢生活。

——詹姆斯．柯爾（James Kerr），企業顧問、作家，
著有《傳奇》（*Legacy: What the All Blacks Can Teach Us About the Business of Life*，暫譯）。

克服恐懼的超實用手冊。

——麥可．卡爾文（Michael Calvin），英國記者、作家，
著有《比賽狀態》（*State of Play*，暫譯）。

我們許多負面情緒，最終都是受到恐懼所驅使。葛蘭琪在這本非常個人卻又強而有力的書中，向我們展示如何與恐懼共處，才能擁有自由又充實的生活。相當具啟發性。

——菲妮．科頓（Fearne Cotton），BBC女主播、作家，著有《快樂一點點就好》（*Happy——Finding joy in everyday and letting go of perfect*）。

我們所有人都可能因害怕失敗而退縮，就連世界頂尖體育明星也不例外。葛蘭琪博士幫助我們講出關於自己的不同敘事，讓我們可以更快樂、更成功，也能更親近自己所愛的人。

——蘭甘．柯特吉（Rangan Chatterjee）醫師

我們每個人都需要了解恐懼，並學習如何為勇氣創造正確的環境。優質好書！

——艾迪．瓊斯（Eddie Jones），英格蘭橄欖球代表隊教練

她超讚的，只要她一開口，所有人都會專心聆聽。

——迪利．阿里（Dele Alli），英超托騰漢姆熱刺隊和英格蘭足球代表隊成員

推薦序

繪一幅穿越恐懼的地圖

——柚子甜（《專注，是一種資產》作者）

對你來說，恐懼是什麼？是在冬季裡被人用力推入凍入骨髓的泳池，還嗆了好幾口水？還是走夜路的時候，那個讓我們心跳到耳膜都快震破的黑影？你只能抓緊錢包低頭急急往前走，卻一秒都不敢回頭看清它的輪廓？

以上可以用來描繪讓人恐懼的物理場景，也可以用來比喻我們面對恐懼時的反應。大部分的時候，我們都是被恐懼制約的生物。想想上次讓你背脊發涼的例子：站在會議室，面對著大老闆犀利的眼光做簡報，他冷酷推翻你想了整晚的提案，瞬間你覺得室溫驟降五度，接下來連話都講不好，怎麼離開台上的都不知道，只記得坐回位置時，雙手都還在顫抖，就像剛從冰水裡濕淋淋地爬上岸。又或是你在社交場合認識了一直久仰的前輩，本來滿心盼望積極正向的交流，結果對方看了一眼你的名片，客套地握了你的手，隨即轉頭去跟其他更「夠格」的人攀談。整個晚上，都有個名為「自卑」的黑影在你身後跟隨，你只能強撐著微笑直視前方，心裡卻想著怎麼樣才能拔腿逃離現場。

「恐懼滲透生活的程度，超越你的想像。實際上，恐懼甚至已成為我們的行為導航器，規劃了我們的選擇，並限制了未來的可能。」書中這段文字深深勾起我的共鳴，因為這正是我自己，以及現代人的寫照——被所謂「不夠好」的恐懼深深束縛。

《內在獲勝》這本書告訴了我們，如何從這樣的恐懼泥沼中穿越，最後找回屬於自己的自信。而這種找回，是一種不需要靠擊敗別人、從競爭中獲勝或贏得獎盃的「淺層獲勝」，而是真的與自己同在，與他人共贏，自重自信的「深層獲勝」。

我特別喜歡書中把贏分成「淺層獲勝」和「深層獲勝」的描述，因為我自己就是受困於「淺層式競爭」的現代人，尤其跟我年齡相仿的台灣小孩，從小到大幾乎都有被考試分數定義個人價值的記憶，而分數又必須透過競爭排名才有相對高低，因此即使已經畢業許久，擺脫了答案卡與2B鉛筆，每到一個新環境，還是下意識在心中風風火火地列榜單，衡量自己在團體中是可以抬著頭走路，還是低眉順眼地做事。我們外表是大人，內心還是那個失去了分數和競爭就無法定義自己價值的孩子。

這樣只看得見「淺層獲勝」的恐懼，需要的不是盲目地變強和更多競爭，而是回頭直視恐懼，拆解分析——就像我們終於有力量在冰水中游泳，或是深呼吸，勇敢直視那個黑暗中的影子，恐懼對我們的深刻影響才有機會瓦解。

作者在書中分享了很多案主迎戰恐懼的故事，有一些我們也許會很驚訝：原來嫉妒也是一種恐懼，原來完美主義也是一種恐懼，批評他人和自己也是一種恐懼。裡面每一篇都有我們的影子，也都讓我們意識到，原來這些想法不是一種「錯」，我們不需要用更多的指責和內疚來對待自己（害怕自己有這些情緒，也是一種恐懼），而是跟著作者精實的筆觸，分析這些議題的源頭，以及重新打造「深層獲勝」的能力。

而最後的最後，讓我驚訝的是，心靈的世界是如此殊途同歸。作者在書中提到，專注有助於活在當下，而這樣的能力會讓我們從恐懼中解脫，實現精神的自由。「精神的自由能與恐懼抗衡，因為接受當下與恐懼兩者是不能共存的。」這段話和我對心靈修行的體驗不謀而合，而我也深信，透過這本書，我們都能穿越恐懼的障礙，拿到真正深度體驗世界的地圖，明白「深層獲勝」的滋味。

推薦序

從恐懼手中拿回力量

——蘇予昕（諮商心理師、作家）

我曾是一個「非贏不可」的孩子。國中時某次演講比賽，得了第二名，我不但一點都不開心，還把自己鎖在房間裡不吃不喝，痛哭一整天，甚至對前來關心我的媽媽大吼：「第二名跟最後一名有什麼不一樣!?」

聽起來非常荒謬，對吧？而且，當我真的贏得第一名，愉悅的心情也維持不到一天，就會再次被恐懼的念頭攫取：「下次沒有贏怎麼辦？」「如果下次輸了，不就代表之前的贏都是假的……」這份想贏的心，非但沒有讓我享受到贏的快感，還導致我患有不符合年齡的胃潰瘍。

作者皮帕．葛蘭琪在本書分享了她獨到的見解，上述的這種勝利叫做「淺層獲勝」，你會得到獎盃、你會實現目標，但你永遠不會感到滿足，也不會和誰建立更深厚的情誼，到頭來，就算你擁有再高的名聲地位、再多的物質金錢，你依然不快樂。

這也非常符合我所接觸到的個案，很多都是客觀條件上優秀、美麗、富有、成功的人士，但他們的共通點就是「覺得自己不夠好」。這種對「不夠好」的恐懼深刻撼動每個人最基本的需求——安全感，因為當我們認定自己不夠好，我們就有可能不被愛、被他人拋棄，進而過度「努力」，瘋狂地想「贏」，只為了證明自己夠好。

可是，你我都曉得，哪有誰能當永遠的冠軍呢？因此這份恐懼更像是永夜一般，用無垠黑暗籠罩、控制著我們。很少人思考過，恐懼到底來自哪裡？為什麼我們都覺得自己不夠好？其實，擔心自己不夠好並非來自我們的「原廠設定」，你不會看見剛出生的嬰兒覺得自己很醜、討厭身上的肥肉或懊惱於比別的嬰兒笨……這種自我厭惡及和他人拚輸贏的心態，是後天被植入的設定。

這個世界的制度與規則，大多都在助長「我不夠好」的恐懼；例如「考試排名」絕對會讓所有人都不夠好，因為，就算從國小到高中都是第一名的學生，在考上台大之後依舊得面對人外有人的痛苦。

「夠好」是一種感覺，而非任何物質或情境，所以「努力」是沒用的，甚至，你越努力，感到不足的情緒越強烈。我們當前的社會、學校、公司卻都沒有幫助我們練習「夠好」的感覺，沒有培養我們的同理心、不重視人際連結、低估心理健康的重要性……（或是這些同理心、人際與心理的學習，目的都變成獲得物質上的成功），如果你人生的目的只有物質或實際的獲得（例如名聲地位），幸福真的會變成零和遊戲，他贏了就代表你輸了，這就是為何我們多多少少在滑臉書時覺得不愉快，感到嫉妒與自我厭惡。

但真正能滿足我們的是「深層獲勝」。那是一種在面對真實自我恐懼、看見自己的本質（即是存有與體驗）之後，為自我實現或發揮天賦所形成的欲望，而不是因為害怕被拋棄而產生的需求。你無需證明給誰看，也無需幹掉誰，所以，就算失敗也無損我們本身的價值，甚至你會感謝失敗帶來的獨特體悟！

我很喜歡作者說的：「輸，是留給贏家的禮物。」這本書將顛覆你對輸贏的看法，也將療癒我們被恐懼戳得千瘡百孔的心，光是翻開這本書、承認自己害怕、說出自己的恐懼，就已開始從恐懼手中拿回力量。

深深地祝福你，深深地贏。

推薦序

直視恐懼，認識恐懼，獲得成長的自由

——蘇益賢（臨床心理師，初色心理治療所副所長；
臉書粉絲專頁「心理師想跟你說」共同創辦人）

在諮商室裡，恐懼是常客。有時它直接登門而來，個案以「不安、害怕、懼怕」替它代言。更多時候，它偽裝成不同的模樣，好比憤怒、孤單，又或者是揮之不去的自我懷疑與失敗感。

恐懼像是手銬腳鐐，侷限了人們移動的空間。因此，個案往往帶著「擺脫恐懼」這種訴求而來。個案常以為，能擺脫恐懼，就能從此過著理想的人生。

諷刺的是，越不想要，越躲不掉。你想方設法消滅它，卻發現它無法擺脫，甚至變得更加難纏。這時，治療師很重要的任務，就是帶著個案發現，這一切真正出錯的，不是你的努力，而是你努力的方向。

做為一種演化而來的求生機制，恐懼的本質是保護人們避開危險，進而增加存活的機率。某種程度來說，恐懼是一種關不掉的作業系統，它無時無刻地運作著，不管你是否有意識到它的存在。

既然「關不掉」，那應對恐懼的目標就不該是根除它，而是與之共存，甚至巧妙地善用它。要能這麼做的第一步，是覺察你的恐懼，並正確地認識它。這種能力不只是來到諮商室的人才需要。如果每個人都能培養出這樣的能力，相信我們就更有機會打開恐懼帶來的枷鎖，從中獲得自由。

本書作者從體育心理學、職場心理教練領域中，陪伴許多人與恐懼共處，累積了數十年經驗。她以這些心法陪伴英格蘭代表隊在二〇一八年世界盃足球賽踢入了四強賽，可謂本書論述的最佳驗證。

很久以前，職場管理與激勵領域研究發現，恐懼其實是項好用的工具。但沒多久之後，研究者卻發現事情好像不是這樣。訴諸恐懼的管理或激勵，得到的成果往往只是一時的，對於人才培養與激勵的效果無法長久。原來，管理者主觀感覺恐懼的「好用」，對於接受管理的人來說，其實根本是恐懼的「誤用」。當然，這不表示恐懼是不能派上用場的。只是，在利用恐懼做為激勵的動力之前，我們得先深刻地了解，才有機會正確使用。

本書架構完整，從廣義的文化出發，帶領讀者認識「恐懼文化」如何影響著我們每個人。接著將鏡頭縮小，回到每個人身上，看見恐懼的內在成因、心理機制。最後，則提出具體建議及方法，讓我們對於下一步該怎麼做更有概念。

在心理學領域中，討論恐懼的書籍其實不少，但把這個議題帶到不同場域，試著與之對話的專書仍屬少數。如果恐懼、自我懷疑、孤立、害怕自己不夠好、自我批評……常是困擾你的煩惱，本書非常適合你閱讀。如果你是一位領導者，看見下屬、員工正為這些議題所困，本書更適合你閱讀。

唯有深刻認識恐懼，我們才能不誤用它、不被它所誤；進一步地，我們還能善用它實用的一面，讓更多人能在自己的位置上，活出更精彩、更自由的人生。

作者序

尋找幸福，破除恐懼迷思，就從現在開始

如果我對你說，你的生活被恐懼操控，你怎麼想？

你可能覺得深有同感，或者認為不太可能。

無論你抱持何種感受，只要你覺得對生活仍未滿足，或是還沒有真正成功，我都可以向你保證，最根本的原因是你被恐懼限制住了。如果你總是武斷地批判他人或苛求自己，那就表示恐懼正在發揮影響力。如果你的生活總覺得「還不夠」，恐懼就是元兇。

我擔任績效心理學家（performance psychologist）的工作已有二十年，我的工作是幫人們找到更好、更快樂的工作和娛樂方式。我得出的結論是：我們所有人的驅動力都是來自於恐懼。所有的人。

但，奇怪的是，這並不是教人失望的真相或是難以改變的人生狀態。實際上，一旦你承認了恐懼的作用，就會迅速得出一個最根本的結論：如果可以降低恐懼的影響，你的生活就會改變。這也是為什麼處理恐懼成為了我如今工作的基礎。

首先，我得解釋一下自己如何達到現在的位置。我在工作時會面對各種領導者、運動員、首席執行官和表演者，工作的內容則是為他們提供諮詢服務，助其渡過難關或增強韌性，當然也包括取得成功和勝利。我大部分時間都在更衣室和會議室、賽道旁、泳池畔或球場旁，我也常常是一群男人之中唯一的女人。

十年前，我注意到自己的方針正在改變。我開始發現，真正的轉變不是在表現或績效上——像是競爭、咬牙苦撐、為獲勝而奮鬥——發生的，而是展現在更深的層次上。

在我的日常工作對話中，相同的主題一次又一次地出現：恥辱、能力不足、孤單寂寞、嫉妒、不滿。這些感受很常出現在我的生活中——我想可能也時常出現在你的生活裡。

打個比方，運動員打破個人最佳成績甚至世界紀錄之後不久，我常需要與他們談談：因為他們的心情並非滿懷喜悅，反而會在下一場比賽、下一次挑戰中感受到壓力。我有時也會和非常成功的商業領袖會談，儘管他們具備所有成功的地位象徵，但他們眼中仍然只看得到自己的缺點。

我的客戶還包括那些與獎盃或重大機會擦身而過，卻沒有顯露挫敗跡象的人們。在每次對話中，我都會嘗試以更深入的方式，徹底去了解這些人經歷了什麼事情。我很想弄清楚，為什麼有些人即使成功也感到不滿意，卻有另一些人就算失敗還是感到充實滿足。

不斷深入挖掘下去，我發現一切都是**恐懼**在作祟，恐懼以各種不同的形式出現在我們的生活中。正是這些隱藏的恐懼讓我們感到自己的生活仍有所匱乏，逼使我們把時間花在擔心競爭與比較、追求目標和地位、成為完美主義者或控制狂。恐懼將生活變成一場戰鬥，讓我們必須隱藏真實的自我，覺得擁有的永遠**不夠多**，或是自己的表現永遠**不夠好**。

既然這樣，我在想，有辦法改變嗎？

減少恐懼的生活，又會是什麼樣子？

馴服恐懼的方法

於是我開始內觀自省。我意識到自己也是從小就在恐懼中成長。

我是單親家庭的孩子，從小在公共住宅中長大，家人有酗酒、毒癮以及家庭暴力等問題，而且我還有一個兄弟是自殺喪生。我媽媽（也是我最早的榜樣）面對這一連串打擊與不利的情況，採取了邱吉爾式「誓死奮戰到底」的態度，但偶爾也會萌生放棄的念頭。我從小就是在這樣的思索中成長：所謂的無所畏懼，是不是將情緒「關機」，然後咬緊牙關撐過去？

我表現出來的行為，就像自以為聰明的小鬼，努力不讓別人太靠近自己。但是我的內心裡住了一個內向好學的靦腆學生。這也成了我的出路：我考進中學，然後在一位鼓舞人心的講師幫助下進了大學，一路攻向兩個博士學位，其中一個已經完成，另一個正在努力完成中；我還與許多世界頂尖的體育團隊共事，如紐西蘭橄欖球隊聯盟、澳大利亞國家游泳隊以及英格蘭足球總會，甚至還有許多澳式足球隊也是我的服務對象。

儘管從表面上看起來，我相當有成就，但是我的內心卻覺得少了什麼——就像坐在我面前與我對話的客戶一樣。我內心的恐懼讓我相信，自己必須為成功人生而奮鬥，偽裝出最好的一面，掩飾真正的自我。

在與各個領域的成功人士進行一對一的對話時，我也必須不斷去對抗以各種不同形式出現卻具有同等破壞性的恐懼樣貌。因此，我開始尋思可以聊聊恐懼的方法，透過一些表面的議題去探索核心，例如嫉妒、不滿、自我批判或完美主義等等。

最後，我總算找出了隱藏的恐懼，並將其馴服得服服貼貼。我們最後終於都能感到充實且滿足。

然後，在與團隊和組織合作的過程中，我發現恐懼同時存在於我們內部和外部。我與許多團體討論了影響個人績效表現的問題，範圍涵蓋種族主義、毒品、酒精以及韌性與心理健康。我發現，儘管恐懼出現在我們每個人的腦袋中，但我們的文化（即我們所採納的信念）、人際關係和環境，也助長了恐懼並使之循環再生。

因此，在過去十年中，我將自己定位為**文化**教練，而不是績效心理學家。個人層面的關注也很重要，但根據我的經驗，要獲得最大的改變，就得改變文化。

這本書的骨幹是我的文化工作和個人層面的工作：我以三百六十度的視角全面探討我們如何看出、面對和根除生活內外的所有恐懼根源。本書也收納了一些人的故事，這些故事能幫你反思問題，同時希望你對於**可以**根除恐懼感到樂觀。

我非常感謝多年來與我合作的運動員、領導者和教練們，願意與我分享各自的故事和脆弱的一面。我也非常感激他們勇於提點我，教會我許多觀念。現在，你也可以使用這些觀念來消除恐懼，不再任由恐懼主導你的人生。

我們開始吧。

引言

內在獲勝的意義

如果我問你，上一次「真正」感到害怕是什麼時候？你可能會想：上次我的孩子在購物中心走丟的時候；醫生告訴我病情很嚴重的時候；某天晚上，有人從公車站跟蹤我回家；或是，上回走上講台準備進行一場重要演講的時候。

沒錯，所有這些時刻都符合我們心中傳統以來對於恐懼的定義。你不會立刻想到的是——你內心深處存在的恐懼。那些恐懼，不知不覺中控制了你。

當你感到不滿足、若有所失時，當各種形式的成功、獎盃或身分地位對你而言都仍覺不足時，當你感到嫉妒、評判別人、被完美主義征服時，或者當你很想掐死某個同事時——就是恐懼發作的時候。

恐懼滲透生活的程度，超越你的想像。實際上，恐懼甚至已成為我們的行為導航器，規劃了我們的選擇並限制了未來的可能。恐懼並非全部來自於你：我們生活的方式以及信念，有許多影響都是來自外界，經過我們的文化反芻後又投射到我們身上。

這本書，旨在讓你擺脫每天困擾你的恐懼，同時試著將你從恐懼的幫兇——嫉妒心、疏離感、完美主義、羞恥感和苛責之中解放出來。

恐懼可分成兩種類型。第一種是腎上腺素引發的震顫，這種恐懼你一定體會過；你會感到驚慌失措、突然喘不過氣來。這種情況好發於危機或高壓力時刻，例如求職面試、演講或球類競賽的罰球之前——我稱為「瞬間」恐懼，隨後會在書中解釋如何消除這種恐懼。

但是本書大部分的內容，是在處理另一種恐懼的類型，這種恐懼正在主導你的生活、替你做出選擇，使你無時無刻感到空虛、不滿足——我稱為「不夠好」的恐懼。

當恐懼的情緒與過去發生的事情和將來可能發生的事情混雜在一起時，就會衍生出「不夠好」的恐懼。這種恐懼會讓人失望、挫折人心，因為你總會害怕自己不夠好，害怕沒有被愛。

這些恐懼經過扭曲，演變成我前面提到的那些行為：嫉妒心、完美主義、孤立、與大家保持距離，以及不斷把自己變得渺小。在你閱讀本書時，我希望能幫助你找出並擺脫生活裡出現的恐懼。

我見識過一個人學會領導恐懼而非被恐懼領導的差別。我見識過這種轉變在球場、賽道以及生活、工作和人際關係中發揮的神奇作用。我見識過團隊擺脫了多頭馬車、個人主義和找藉口的習性，蛻變成團結、熱情和無懈可擊的整體。我也見證過不滿足、陷於掙扎或痛苦的人，如何因此大幅改變了他們的生活和表現。

面對恐懼是一種成長。這是關於消除父母的恐懼、世代和社會的恐懼。這將使你自由探索自己的野心，重新發現人生中的勝利對你意味著什麼，幫助你以全新的方式看待世界，既清晰又樂觀。

當你的成功是來自於「擊敗別人」的驅動，或總是「害怕自己不夠好」的動機——這些狀況，我稱之為「淺層勝利」。在本書中，我要讓你脫離這種刻薄的、掠奪式的淺贏心態。我知道自己現在的輔導方法是持久、引人向上且正面積極的。這種勝利可以帶給你驚訝的喜樂、人脈和歸屬感。我稱這種成功為「深層勝利」。

我們的「深層勝利」同樣是來自於我們認為應當付出的辛勤奉獻，但動機已不再是個人的主宰力，而是人性的激情、抱負和成就感，以及對人生的滿足感。

這樣，你就能擁有較少畏懼的人生。

如何使用這本書

這不是一般的「自助」書。你不可能找到解決所有問題的萬用解決方案，也沒有什麼「十種消除恐懼的竅門」或是速成解方。

我並不喜歡那些做法。投入體育心理學家的工作之後，我發現這些做法無法永久根除「因為擔心自己不夠好」而產生的扭曲恐懼。如果你嘗試以心理技巧達到成長及改變，那麼你可能已經自己發現了這一點。技巧確實有其價值，但我們會在本書第一章看到，唯有在特定情況下，才有價值。

這本書主要是想法和經驗的匯整。我希望你讀到其他人的經歷、故事以及如何克服恐懼以後，可以重新想像恐懼在生活中產生的影響力，以及如何應對、做出改變。他人的遭遇或某些零碎的片段正好能啟發你，或是幫助你面對特定的情況。我相信，這些深刻的體會對我們的影響，絕對比任何技巧或科技所帶來的改變更長久。

我們總喜歡把所有精力放在邏輯和證據上。但是，要將恐懼在你生活中扮演的角色降到最低，所需的深刻且持久的努力也必須觸及你的潛意識層面，你得很努力才能觸碰到，更別說需要時間將之深化、內化。所以，如果你想要一週內搞定，我只能很遺憾地告訴你，這是不可能的。

你可能覺得，「聽起來這是個苦差事」。嗯，我真心希望不是如此。往好處想，你不必勞動身體或繳交功課；你只需要閱讀、反思，讓自己的想像力和潛意識動起來。

還有一個好消息是，在本書中，你不會被一堆數字和證據給淹沒。我是親臨實境、設身處地寫下這本書的，因為我想暫時把你的注意力從事實和數字轉移到你內心深處所感知的東西上——也就是說，轉移到真正發揮影響力的地方，你的潛意識之中。

一個人的表現脫胎換骨，或喜悅、自信和成就感忽然突飛猛進，靠的不只是理性思維，也並非只憑證據和理論就能達到。無論是在親密關係裡或在多人團隊中，都必須具備充足的愛——一種真正溫暖、緊密的關係，和渴望他人看見自己最好一面的氛圍。從個人的角度來看，你得先願意好好看清恐懼在生活中扮演何種角色。而一切都來自你的想像力和直覺的智慧，也來自那個極不科學的所在：靈魂。

在我們這個超級理性、全靠資料推動的世界，談論靈魂或愛有點駭人聽聞。但是我堅信，這些才是我們的潛能所缺少的，也是在與恐懼奮鬥時所欠缺的臨門一腳。要談改變、甚或是無所畏懼，這是唯一的正解。

許多時下流行的心理學和自助書還有另一個問題：書中主要強調我們做為孤立的個體會遇到問題，會被自己的想法困住。但那只是問題的一部分。恐懼發生在我們內部，但也來自外部：我們的環境、學校、工作、團隊、家庭、人際關係。

諷刺的是，你可能會認為我描述的那些恐懼情緒和行為（嫉妒、完美主義、孤立和負面批判）只會出現在你自己的腦海中，是丟臉的私人祕密。但實際上，這些行為、想法和情感不只存在於你的腦海，還存在我們所有人的腦海之中。

男人和女人對恐懼的自然反應並沒有重大區別，但是在應對恐懼的社交方式上卻存在差異。社會經常要求男孩——即使身為父母者不特別要求——要更「堅強」，男孩不應該表達自己的情緒，包括恐懼。相較之下，女人感到恐懼時就更可能表達出來。不過，如果是前述的扭曲的恐懼，男人和女人的相似之處遠多於不同之處。我們所有人都對自己展現恐懼情緒的方式感到掙扎，而這些情緒來自我們害怕自己不夠好。

在本書的第一部分，我將請你仔細看看我們所有人身處的挑撥恐懼的文化和環境，並思考這些文化與環境如何影響你。你可能會認為自己不可能改變公司或家庭之中的恐懼文化。但是，你和我及我們身邊每一個人，每天都用容忍、忽視、抵抗和獎勵在創造文化。我們其實都在作繭自縛。

在本書的第二部分中，我們將從生物學的角度探討導致所有人如此恐懼的原因。而且，我們會探索一些技巧，幫助你在緊要關頭駕馭恐懼。

第三部分是進階的挑戰：我們將研究扭曲的、「不夠好」的恐懼行為所展現出的各種方式。我也會分享克服這些挑戰的人們的故事，使你對腦海中的想法以及如何改變，有新的看法。

這本書的結尾是一份宣言，總結了我介紹的所有內容。因此，當你讀完本書以後，還可以快速回顧書中提到的種種想法。

希望你能在書頁之間，重拾自由。

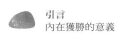

關於心理健康的注意事項

本書中，我談論的恐懼，以及對我們的心理健康造成緊繃和耗弱的恐懼，就算是日常經歷，也都有嚴重程度高低的區別。

對於你，甚至全世界數以百萬計的人來說，恐懼和焦慮不僅會限制我們的發展，對我們甚至有嚴重傷害。如果你的恐懼很像絕望又無盡的黑夜，使你無法自理生活，特別是萬一有自殺念頭，請認清這是一種非常真實的、令人耗弱的疾病，需要接受專業人員和周遭愛你的人們的照顧與支持才會康復。

獨自面對嚴重精神疾病絕不是個好主意。如果你發現自己正處於這種情況中，請向各種社會資源尋找協助。

第一部

PART 1

人人腦海中都有恐懼，你不孤單

Chapter 1

你的人生是戰場嗎？

恐懼從哪裡來？恐懼看起來無處不在。

其實，恐懼來自你的內心：你的思想、信念、想法。但有更多的恐懼，是來自外界、文化背景以及我們的環境。

這一章會介紹，我們從文化中所吸收到讓人陷入恐懼心態的資訊、信念和行為。我想挑戰這些訊息，幫助你看清楚，你就不會陷入恐懼。

人類是地球上僅有的、能意識到自己明天可以比今天更好的物種。正是這樣的意識，使我們脫穎而出。我們一生都在努力提升自己，拋棄舊的自我。你希望自己將來比現在更好，希望在重要的事情上能夠有所表現。

你追求的「更好」，是很個人的——可能是讓你的公司招股上市，或是帶領你的團隊贏得決賽。你可能正在爭取升遷、想要生個孩子、買棟大一點的房子或嘗試人生中第一個五公里賽跑。

我們大多數人的追求，都超出了必要的範疇。不論努力的程度多寡，都是人性使然，我們也在努力的過程中產生獲勝的渴望。

當然，對某些人來說、在某些情況下，人生確實是一場攸關生理、物質或心理的生存之戰。你必須鼓起勇氣，全力以赴，向那些困難正面宣戰。如果你處於上述情況，請容我向你致敬。

但是，對於西方世界大多數人來說，我們所謂的「戰鬥」很大程度上是人造的。我們可能只是在嘗試超越低標、達成目標或爭取時間。我們的「戰場」也可能只是工作或體育活動中團隊或個人之間的競賽。這種鬥爭不會危及生命，但可以讓我們更了解「戰鬥敘事」如何維繫我們的生活，同時塑造我們的社交文化。

回想一下你在日常生活中使用的語言。你常說「終結它、殺很大、搞定它」之類的話嗎？還是「選擇對的戰場」「事實是最好的武器」「衝鋒陷陣」「衝一發」「使出殺手鐧」

「瞄準目標」「槍已上膛」「重整旗鼓」「吃了炸藥」？

你懂我的意思。

在更加男性化的文化中，例如體育圈、都會區或法律界，你可能會發現這類表達方式是標準語言，在這類競爭環境中工作的人都使用這種語言，不分男女。如果你是女性，使用戰鬥語言的層面可能是較為個人的，例如：使出渾身解數哄孩子們入睡、牢牢盯著某人、好不容易拚到自己的時間、穿著打扮「擄獲」異性，或是像碧昂絲（Beyoncé）說的「秒殺」（slay）。

我們使用戰鬥敘事的程度已經走火入魔了。很多人（也許你也是其中之一）眼中的人生，已經淪為鬥爭、競爭甚至戰爭，再無其他可能。找一份理想的工作，或者早上帶孩子出門、順利搭上公車或地鐵、陌生人的粗魯行為或生活管理的挫敗感，的確有可能感覺像是一場戰鬥。但是——將人生視為戰鬥，有用嗎？

儘管男人和女人都以這種方式看待人生，但表現方式可能略有不同。男性可能較常出現搏鬥或用身體支配對方的想法，但是女性也會討論如何鬥爭以取得成功，或保持優勢以求生存。對於女人外表的高度重視也是一種競爭形式，雖然越來越多男人也投入在這方面的競爭。人人都在爭取關注、名聲和認可，這是不分男女的。

所謂的戰士，就是受過戰爭訓練的戰鬥人員。戰士精神是競爭中的一項巨大資產，無庸置疑，因為這代表他們能屏氣凝神，拿出非凡的勇氣、堅忍不拔的耐力和清晰的思維，並鎮靜地頂住壓力。我向真正的戰士致以最深切的謝意和尊重；但我不明白，這為什麼是我們生活中應當奉行的良好榜樣。

這種模式的動因是搶得先機、成為打不倒的勇者並征服他人。有這種想法並不是你的錯：從稚齡時期，我們就把生命想像成一場戰鬥，這種想法深深扎根於我們心中。支配他人才能成功的神話，已經成為我們的常態。

你是「鬥陣俱樂部」的一員嗎？

有位朋友告訴我，他剛為七歲的兒子換了一支新的曲棍球隊。他說，載兒子去練習要多開十公里的路程，但很值得。

我問：「本來那支隊伍有什麼問題嗎？」

「問題出在教練——他也是位父親。」他說：「中場休息時，他們離開球場，這名父親開始鼓舞士氣。太恐怖了。他滿口都是『男孩們，把他們碾成碎片，一路挺進到底。你們正讓他們騎在頭上。你們得壓制他們。我們是來贏球的。』拜託，這些孩子們才七歲哪。」

我唯一能做的推論，就是這名教練小時候也是被這樣教出來的。而且我懷疑，他也是以同樣的方式看待世界其他事物，就像很多人一樣：世界即戰場，是統治和競爭的舞台（順帶一提，前述故事有個美好結局。新球隊的教練把男孩們湊在一塊，聊聊如何能玩得開心又能盡力表現的雙贏之道，教導他們要相信自己也相信團隊）。

回想一下自己的人生，例如，想想還在上學的日子，或者家中的情況（如果你有兄弟姊妹的話）；回想一下你是否常聽到自己被拿來與別人比較：「你的妹妹比較聰明」「你還不夠格加入第一隊」。小時候，我們很難不以比較的方式去形塑出這個世界的樣貌。

你可能會認為競爭沒有錯——盡己所能去追求成功、贏得勝利，而不只是「哦，參加就有獎」。

但是，請想一想：你是否已將這件事想得太過頭、看得太嚴肅了？渴望超越所有人、不惜一切代價取勝的想法，是否正對你造成傷害？這種想法的出現，不是源於想了解自己的能耐，而是出於對失敗、挫折或「不夠好」的恐懼。或者反過來說，你可能在開始前就認定自己會失敗，甚至根本不想競爭。

是的，競爭本身或是在賽場上的競爭，都具有很大的價值。但競爭並不是一種「存在」的方式。想要「成為最好的自己」與想要「變得比其他人更好」，兩者可是雲泥之別。就算我們的工作、社會和個人關係都已被默認為是一種戰場，也並不代表我們就必須限定於這種類比。

正如我們將在接下來許多章節讀到的，我們使用的語言塑造了對世界的體驗。想要減少恐懼，就得將世界重新設想成更友好、更能欣然接受的模樣，而不再是一座戰場。

Chapter 2

你的勝利是什麼模樣？

你對成功的定義是什麼？你是否曾經得到想要的東西卻發現自己不滿意，還想要得到更多？我稱這種情況為「淺層勝利」，這一章會討論為何會發生這種情況。本章也會討論相反的情況，我稱之為「深層勝利」，也就是將真正的成就帶進你的人生。

與我合作的一位菁英球員保羅，提供了一個完美的例子說明「淺層勝利」的面貌。我掩飾了保羅的真實身分，這個做法與我職涯當中遇到許多向我分享珍貴故事的客戶一樣，是為了保護他，也是回報他的信任。但是他和這些客戶與我分享的精華——他們表達的情感和情緒——是非常真實的。

如果你曾經夢想成為一名體育明星，甚至幻想迎來生涯最美妙的高峰，那麼保羅接下來的故事，可能會讓你感到驚訝。

他告訴我，他從五歲起就想踢足球。成為體壇的明日之星，對他而言是一償宿願，完成童年的夢想。

他記得和爺爺一起坐在郊區的一個小房間裡，觀賞某個盃賽的決賽。他支持的球隊在最後一刻出現一記奇糟無比的射門。他至今還能清楚描述這球確切的角度和軌跡。就在那時，他告訴爺爺，他要成為這支球隊有史以來最好的球員：有一天，他將拿到那座獎盃。

保羅不只渴望成功，還很有才華。他逐漸長大，身體隨著時間成熟，他在小巷裡盤著腳下的球，忘情耗上好幾個小時，見過各種大風大浪，也與並肩作戰的隊友一起參與了光榮的勝利和慘烈的敗仗。我請他描述一下當時踢球的感覺。他的回答很簡單：「感覺很棒。」

他在青少年時期，一週當中最期待的事情就是練習。他陶醉於教練的反饋和指導。他天生愛炫技，喜歡用技巧給人留下深刻印象，還會用其他花招和滑稽動作逗人發笑。他描述到當教練對他說名門球隊的球探特地來看他練習時，自己感到多麼驕傲；他甚至記得那時興奮地跑回家的感覺，「就像踩高蹺一樣」。

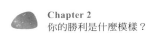

他的職業生涯持續了十五年，直到二十九歲告終。可悲的是，被球探相中的那一刻就是他生涯幸福的頂峰。

他熬到二十歲才首次被選入俱樂部職業隊的正選球員，這個年齡已經有點晚了。此時他才開始注意到自己正在「走下坡」。

美夢成真卻失去了熱情

「我以為跟厲害的隊友們踢球就是這樣。但——真的難多了。我指的不是激烈程度，我一直願意踢得更激烈一點；我指的是環境變得苛刻。從我第一次代表正選隊上場比賽，興奮與陶醉的情緒持續了幾年，但這種感覺逐漸消失了。好玩的元素也從比賽中消失，一切都變得越來越嚴肅。人們不停告訴我，要保持謙虛和專注；其他小伙子以後會打爆我；要珍惜現在這個機會，要懂得感恩。嗯，我是很感激，但也有些失望。而且我有口難言——當其他人都認為你一償宿願時，你怎麼能承認自己感覺並不好呢？

「我有幾處傷勢，大多是輕傷。但是那一年，我的臀部傷勢使我幾乎整季無法比賽，只能花大把時間騎自行車或游泳進行復健，和其他隊友越走越遠。沒有人喜歡復健，簡直像地獄一樣無聊，但你就是得做。教練話不多，但他在那幾個月對我說的唯一一句話讓我很不爽：『後面還有很多有才華的年輕人等著取代你，老弟，他們都比你強。』

「隊友們聽了這話，半認真半戲謔地笑了起來。你能做的就是跟他們一起笑，『男子漢啥都不怕』，是吧。但我真的感覺很差。我花了很長時間才承認自己受到了傷害。我很擔心，因為我看到所有傢伙們都在進步。這讓我開始意志消沉。

「歸隊後的第一場比賽，我實在很怕自己搞砸。從那時起，我就不斷努力證明自己，超級認真的。絕大多數時候，我的臀部傷勢痛得要死，但我什麼也沒說。過了大約六個星期，在比賽中，我忽然感到臀部發出一個喀噠聲，然後我就倒在地上了。我多希望當時不管多痛都能撐住。當我下場時，我聽到教練說了『很弱』之類的話。我覺得尷尬，但也感到悲傷和憤怒。我決定讓他瞧瞧我他媽的可不弱。

「醫生說我需要開刀，但不很緊急。因此，在球季剩下的時間，我每週都給『不太舒爽』的臀部打個針，這樣我就可以上場比賽。我咬緊牙關撐過每次的訓練。除了醫生，我從未對任何人喊過痛。

「現在再回頭去看那段日子，我發現自己對周圍的人態度並不好，特別是我的妻子。我也漸漸疏遠了孩子們。我感到麻木、心寒，感覺自己就像一塊等著加工的肉。我只能繼續麻痺自己，做該做的事。我想，要贏或許就得這麼做。我甚至沒有和我的爺爺談過這所有發生的事。在他心中，他認為足球就是一切。

「同一年，我們贏得了決賽。我總算舉起了那個獎盃。我記得賽後在更衣室裡，看到牆上有個標語寫著『永無止境』。我想：『我他媽的倒希望真有止境。』到處都是啤酒開瓶的啵啵聲，每個人都在狂歡，臉上都掛著歡笑，嘴上都大聲唱著歌。我也加入大夥的行列，但我感覺很空虛。甚至感覺不像自己。我可能真的滿沮喪的，也許我是個軟蛋，也許我就『很弱』吧。

「有人問我要不要讓我的孩子踢球。我並不想。我不想看到他的火花熄滅。」

檢測你目前的狀況

保羅的職業生涯是「淺層勝利」的經典案例。他待的俱樂部充滿恐懼的文化，消滅了他踢球的樂趣——甚至最終也奪去了人生的樂趣。

你有沒有可能走在「淺層勝利」的路上？這種問題的前兆，通常是像保羅一樣，感到過勞、筋疲力盡。你是否覺得自己的生活失去了興奮感或快樂的感覺？覺得無聊？不管做什麼事情都提不起勁，只想馬虎帶過？也許你曾經很喜歡從事某些運動或其他活動，但是後來愉悅感消失了？

讓我們更深入了解一下，這種情況為何會發生。

當我們的人生只剩下「想變得比別人更好」或「不想被別人拒絕」，就會迷失方向。「想變得比別人更好」有兩種狀況，你可能兩者兼具。

總是想要更多

我們要先問自己的第一個問題是：對你來說，不斷將收益往上累積、得到更多、做得更好，是不是才稱得上成功？

我們根據自己的外表看上去的成就，有意無意為自己和他人進行排名——這是很自然的。我們比較的可能是明顯的身分表徵：你開什麼車？你的房子值多少錢？你住在哪一區？你的職稱頭銜是什麼？你做什麼工作？我們也有可能進行含蓄的比較，像是：你的孩子學校考幾分？你去康沃爾（Cornwall）還是克羅埃西亞（Croatia）度假？你大學讀哪裡？你都去H&M還是哈洛德（Harrods）買衣服？

這種「特意高人一等」的作風起源於八〇年代，強調我們擁有的東西比我們是誰更重要。問題是，如果用這種等級高低的方式思考，你就會覺得自己擁有的永遠不夠多。

看看保羅，他好不容易踢進了第一隊，但是他進了第一隊以後，甚至當他的球隊最終贏得獎盃時，他也沒有感受到心中所期望的喜悅。常常有人告訴他，他取得現在的位置只是運氣好，有一票年輕小伙子比他還強。這種想法深深扎根在他的思想裡。恐懼使他感到焦慮和孤立。

恐懼占用了我們的空間，扼殺了原本可能更寬廣的、不那麼功利導向的人生：也許你會比較想彈鋼琴、學會玩滑板，或者比較想當個畫家而不是會計師？

學校制度也助長了這一點：學業成績會得到分數的評比，但可能幫助我們取得真正成就、更寬廣的素質卻沒有得到評估。一個孩子獲得中學畢業證書的關鍵竟不是成為具有更多同理心的夥伴、擁有更多創意或很棒的想法，而是幾乎完全集中在考試成績。

真的不該是這個樣子。

人類的心理是一個生態系統，使人蓬勃發展的動力來自豐富多樣，而非不斷升級。如果你一直試圖獲得成功並證明自己成功，那麼你會錯過人生路上的美好風景、感受自己和他人以及探索世界的機會。

請想一想：光是讓自己看起來「夠好」，讓你在別人的眼中看起來「不錯」，要耗去你多少心神？你可能認為自己「很酷」、不跟別人一般見識，但「很酷」不也是評斷自己的另一種方式嗎？你真的想把寶貴的精力花在「比較」上面嗎？你是否給自己留了餘裕，成為一個不同的人？

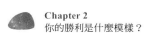

另一方面，你認為自己成事不足敗事有餘，也許只因為你沒有達到以下身分地位：人脈、房子、職涯、生孩子。我見識過這種情況同樣發生在最有魅力、最有成就和地位最高的人身上：永遠有人會拿更大或更好的汽車或房子，或我們文化中成千上萬個身分地位符號中的任何一個，來壓過你。

對方贏了，我就是輸家

第二個問題是：你是否認為如果別人贏了，你輸的機會就增加了？相信成功很稀罕，是「限量供應」，這種想法讓你總想比旁人更好，認為自己必須為成功奮鬥到底。

假設有競爭對手進入你的市場，你會分析他們的表現並從中學習，還是會用全部的心力打垮他們？同樣的事情也可能發生在個人層面：挑撥同事使其產生摩擦，讓他們想要彼此競爭。

在生態系統中，稀缺代表必須犧牲他人才能滿足自己的基本生存需求。在人類社會中，稀缺也是一種心態：自我（ego）不斷要求比旁人更好，擔心「沒有」或「不夠」。

稀缺的心態不斷提醒你，不可能人人有獎，機會、可能性、時間、才華、能力、讚美、資源、成功、財富、愛或喜悅全部都是有限的。因此，最好趕快把自己的那一份先搶到手，還要防止旁人過來分一杯羹。

當你腦中只有自己和自己的利益，或某個團體（你覺得跟你很像的人）的利益時，就是稀缺心態發揮作用的時候。不知不覺間，各種「不夠好」、「不夠多」的心態就會使你變得霸權主導、只顧自我和非贏不可。

即使你累積了一點收穫，這股想要主導一切的動力也不一定會停歇。實際上，就像保羅一樣，得到的越多，卻可能感覺更匱乏。就算你登頂稱王也一樣覺得不夠！

在你心裡，光是「贏」可能不夠，你想要粉碎、壓制、超前、攆除且消滅任何自己不夠出色的可能性，證明自己是貨真價實的成功者，才能感到安穩。你並不是「想贏」，而是「承受不了輸」。

稀缺的心態永遠不會讓你有安全感，只會任由想贏的欲望滋養心靈、表現最佳狀態，最後變成一種神經質的、飢渴的、非常醜陋的需求。

當你的心態不再是欲望、反倒轉變成需求時，你會發現，最根本的原因，正是恐懼。

深層的勝利才能帶來滿足

很多人認為，這種背水一戰、拚命三郎的精神是很好的動力。保羅的教練就是這樣帶領團隊，風格如同這些「激勵性」的口頭禪：「自強不息」「戒慎恐懼」「永無止境」。

相反的，我們可以參考紐西蘭國家橄欖球隊（即「黑衫軍」），這支球隊可以說是世界上最偉大的運動隊伍。其中一名球員布拉德·索恩（Brad Thorn）有句簡單的口頭禪：「冠軍要做的事情更多。」你能感受到一種截然不同的語氣嗎？那就是恐懼與欲望的區別。

擁有稀缺的心態會使人生這場遊戲變成非黑即白，非好即壞，非贏即輸。當贏得勝利也減少到一個超具體的目標（例如贏得世界盃、擊敗商業競爭對手或獲得夢想的工作）時，一切就會讓勝利變得淺薄，好像沒有取得勝利的人生就完蛋了。然後，很快就可以將靈魂和目標完全從勝利中擠出來，人生從此被「怕輸的恐懼」取代。

你可能集滿了所有榮譽獎盃、履歷表上滿是金色星星，但是除非你能從恐懼手中奪回掌控權，否則你永遠無法贏得深層的勝利——由內在獲勝。

贏，不必然非有恐懼不可。「深層勝利」的感覺是截然不同的。想像一下：成功與你這個人的價值無關，但與你做為一個人、深刻了解自己之後的喜悅大有關係。你不會再將贏看成與自己和其他人的戰爭。你可以培養一種心態，以開闊、體驗人生和與連結他人為出發點，而不是支配和收割。

這會不會讓你走得更遠、感覺更不一樣呢？

當你可能會遭受失敗時，勝利所帶來的回報特別有意義。你是否還記得，自己必須努力抑制緊張、控制情緒、抵抗質疑，或是死命找出自己不確定是否擁有的資源的時候？相比之下，輕而易舉的成功就顯得黯淡多了（這就是作弊如此惹人厭的原因；它讓獎賞的感覺變得微不足道）。

這樣的贏法可能是強烈的、有傳染力的，可以使贏家的心靈充滿喜樂。聽聽墨西哥裔美國拳擊手小安迪・魯伊斯（Andy Ruiz Jr.）怎麼說吧。他在二〇一九年的世界重量級拳賽第七回合擊倒了安東尼・約書亞（Anthony Joshua）拿下冠軍，可說跌破拳擊界專家的眼鏡。

這是我一直在做的夢，一直在努力的事情。真不敢相信就這樣實現了夢想。

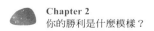

我真有福，你知道嗎，我甚至不斷捏著自己想確定這一切不是在做夢。我們在健身房裡所做的所有辛苦付出和祈禱，我不斷追隨自己的夢想，終於實現了這一切……這是我一輩子努力的目標……我是世界上首位墨西哥重量級冠軍！

——二〇一九年，小安迪・魯伊斯在與約書亞對決之後

或者，如果你想更了解深層勝利的感覺，那麼雷昂・洛哥瑟提斯（Leon Logothetis）也是一個很好的例子。他身兼電視節目主持人與製作人、暢銷書作家和旅行家等身分於一身，同時也是網飛（Netflix）節目《行善摩托車日記》（*The Kindness Diaries*）發行人。他曾經是一個既不快樂又鬱悶的股票經紀人，後來他放棄這份工作，到世界各地旅行。到目前為止，他的足跡遍及九十多個國家，所到之處都靠著陌生善心人供應吃住。但在他的新節目中，他也以金錢的形式回饋了做善事的人。他說：「我最喜歡的人，是一切行為發自內心的人。」

他就是內在獲勝的最好代表，因為他決定了自己人生的成功該是何種樣貌，而不是仰賴別人的觀點。他的金錢成就只會將他掏空。此外，他也打破了惰性的「生活就是這樣」

「社會就是人吃人的戰場」等刻板印象。最後一個原因是，他之所以能從內在獲勝，是因為他的勝利超越了個人範疇，著重於觀察和培養善心；他的成功完全著重於與普世人性建立聯繫。

深層勝利更讓人滿足，也更真實，最終也會讓我們更有機會釋放最深的潛能。深層勝利來自內心與靈魂深處，使你不再時時刻刻擔心無法發揮自己所長，而是明白自己的潛力是多麼寬廣、亟待開發。內在獲勝能讓你放手競爭、創造，直到淋漓盡致。同時，你心中的恐懼也會越來越少。

Chapter 3 你的成功信念是什麼？

除了「需要比旁人更好才能取得成功」這種假設之外，我們從文化中所吸收的「關於成功的神話」根本多不勝數。我們生活在各式各樣的文化之中——家庭、團隊、小組、公司，甚至是國家和全球文化——都在教導我們「勝利」的意義和後果。更糟糕的是，很多人單純地只是促進了恐懼現象。

如果你很幸運，你可能從親友、學校、工作和國家吸收到關於勝利與成功正面且有益的課題，但是你可能也會吸收到一些助長恐懼的信念。本章列出了我最常遇到的一些情況，你可以仔細看看，恐懼是真的有用還是幫倒忙。

◆成功迷思之一：失敗使你成為魯蛇

人類著迷於成就：無論是我們身體內的肌肉、腦細胞和神經組織，或從生理面激盪出泵浦原理、槓桿原理之力——我們對於自身所能創造出的壯舉讚嘆不已，甚至在激發出追求個人卓越表現的同時，還與整個國家做連結。

也許你是看到田徑場上的驚人成就，才拿出慢跑鞋踏上人行道開始跑步——我承認我就是在倫敦奧運會上看到英國田徑運動員莫・法拉（Mo Farah）的表現後才去跑步。又或者你是聽完一場耀眼炫目的出色演唱會後大受感動，重新拾起了吉他。

我們特別喜歡看那些出乎意料的成就。這就是《X音素》（*The X Factor*）和《美國好聲音》（*The Voice*）等熱門電視節目的出發點。這些節目的安排是先告訴我們表演者多麼沒沒無聞，或向觀眾展示他們遭遇的逆境，接著才是他們走上舞台，張開嘴，美麗嗓音流洩而出的場景。

你可能已經了解，永無止境地激發自己的潛力也是件好事；你肯定希望自己速度更快、成就更高，或變得更強壯或更聰明。你追求的目標也可能具有實用價值：今年如何讓秋海棠開得更茂盛，或如何提升自己的耐力完成小提琴獨奏。這些追求也可能是來自情緒與心理方面：當你不同意自己的伴侶時，試著去理解對方的觀點；或是在課堂上有自信地表達自己的想法。

但，如此正面的用意有另外一面：你一定是害怕失敗。

從邏輯來看，這很荒謬。我們都能理解，成為贏家的道路上必定會經歷某些失敗。永遠的贏家只是浪漫的神話。有些人可能會讓成功看起來不費吹灰之力，但事實並非如此。

女演員潔西卡・雀斯坦（Jessica Chastain）得到第一次試鏡機會以前，在洛杉磯待了四年，當時她窮到只能去上免費的瑜伽課。賴瑞・大衛（Larry David）身兼演員、編劇及製作人，在快四十歲時花了一年時間為《週六夜現場》（*Saturday Night Live*）編劇，但只播出了一集，他和傑瑞・賽菲爾德（Jerry Seinfeld）共同創作同名節目後才一炮而紅。J・K・羅琳的故事更是家喻戶曉，第一本《哈利波特》手稿遭到十二家出版商退件，而如今她已成為傳奇人物。

成功始於嘗試、擴展自我和承受風險，這代表你在過程中無法避免遭遇失敗。而且你會經常失敗。真的，你人生中的每一天也是有贏有輸。

面對失敗的態度至關重要

失敗有各種形式。工作上，你可能錯過了升遷機會，或不小心拼錯執行長的名字。在大學裡，你可能考試考得一塌糊塗或漏答一個考題。在交友軟體上，你花了幾個小時滑手機卻還得不到半個配對，或是發現剛認識的伴侶同時與其他人眉來眼去。

失敗的程度並不重要。重要的是你對失敗能夠徹底檢查的態度：重新評估、思考，然後向前邁進——也許你會另闢蹊徑，嘗試一條新的路。

這麼做的話，失敗就會變得很有價值。因為它可以讓你了解自己準備不足或不夠熟練的地方。這個過程可能並不容易，也不舒服，但是你可以善加利用這個機會。

面對失敗，最好的態度就是願意失敗的態度。當運動隊伍分析比賽影片時，一名好的教練不會說：「就是這裡，你出包的地方就是這裡。」他會說：「你看到了什麼？告訴我，出了什麼問題？你認為哪裡出錯了？下次再遇到這種情況時，你可以怎麼做？」

經由嘗試和失敗所獲得的直接經驗，才是未來解決問題和跨越障礙的關鍵。這比打混摸魚、指望問題或障礙不會出現更有效。接受失敗的時間越早、次數越多，越能勇於面對失敗。當最重要的時刻來臨，你就越有機會避免陷入慌亂。

但，沒有人這樣教我們。我們得到的觀念是，輸或失敗等於一個人「沒有那麼好」。我們認為失敗會降低自己的價值。

這就是恐懼進入並占據你的思想的時刻。如果你相信失敗會使你成為魯蛇，那麼你很有可能完全不敢再去嘗試。你可能已經這麼做了：故意擺爛，讓自己在失敗的代價還沒那麼高時就草草失敗——因為你不想後來才被貼上失敗者的標籤；或是為現在不去嘗試找藉口：「我太忙了」「我承受不起離職的風險」，這些話（或這些觀點）從你口中說出來以後，只有你自己知道是真正的理由還是託辭。

你真的不該將失敗視為自己的一部分；失敗只是一道你必須破解的關卡。

不過，這並非我們大多數人採納的觀點。我們放大失敗的效果，使其成為我們的人格污點，而不是每日表現的普通指標。這讓我們不願意示弱、表現缺陷，因為我們不想被當成弱者。

輸，是留給贏家的禮物——這才是真相。

◆成功迷思之二：恐懼是最好的驅動力

我們都知道，恐懼是激發他人成功的必要工具。

沒有了恐懼，人們往往變得有恃無恐。

誠然，在一場危機之中，恐懼是最強大的驅動力之一。人們在危險時刻會發揮超人般的力量，例如有人會在他人被困在車底時抬起汽車，這不是什麼天方夜譚。你可能聽說過冒險家艾倫．洛斯頓（Aron Ralston）的故事，他在猶他州的曠野進行獨木舟登山之旅時，手臂卡在巨石當中。五天後他還是沒法脫困，只好擰斷兩條胳膊骨，再用多功能刀具和另一把小刀割斷胳膊。這個案例中，對死亡的恐懼逼使他做出非常痛苦的事情，但這樣做是為了將生存機會最大化[1]。

而且，當你知道不極力表現就會帶來不想要的下場——比如落後於團隊成員或與重視事物失之交臂——那麼你自然會努力改善自己的表現。

但是，你**真的**要先「害怕」才能成功嗎？

平心而論，某些權威人士確實比其他人還可怕，所以我們會遵照他們的命令行事，以避免被他們注意或觸怒他們。

尊重和激發恐懼兩者可是大不相同。

我以前遇過一個籃球教練，當你犯錯，他什麼也不會說，但是他的眼神就足以讓人集中注意力。他並不是個惡霸。他的鎮定和存在激勵了我、使我變得更好，只因為我不想讓他失望。這種領導方式可不壞，歐洲知名足球教練佩普·瓜迪奧拉（Pep Guardiola）或美國職籃教練葛雷格·波波維奇（Gregg Popovich）都是這樣的路線。他們的重要性不言而喻，也不必為自己的存在多費唇舌。

但是激發恐懼是為了取得成果或是去激勵他人，兩者是不同的。前者是蓄意恐嚇。

無所不在的恐懼文化

在成長過程中，你可能遇過專制獨斷的師長，甚至是自己的父母，他們使你感到渺小或受辱。兒童讀物作家羅爾德·達爾（Roald Dahl）很擅長創造這種角色，例如《飛天巨桃歷險記》（*James and the Giant Peach*）中的阿姨，以及《瑪蒂達》（*Matilda*）中的校長牛頭女士（Miss Trunchbull）。或者是二〇一四年的電影《進擊的鼓手》（*Whiplash*），這是關於年輕爵士鼓手在音樂學院接受培訓的故事，他無情的講師和指揮也是以威權和恐懼統治的典型老師。講師不只羞辱學生的演奏和人格，還以恣意判奪核心鼓手在樂隊中人人稱羨的位置這樣的手段去分化、操縱學生，例如以殘酷的五小時試鏡讓他們相互競爭。

好萊塢也非常喜歡恐懼敘事，例如《穿著Prada的惡魔》（*The Devil Wears Prada*）中的老闆，她對助手的要求非常苛刻，暴虐無比，甚至沒人敢跟她一起搭電梯；或是電影《神鬼認證》（*Jason Bourne*）裡的男主角，他因為腎上腺素和恐懼的刺激而達到了看似不可能的成就。

在現實生活中，不間斷的恐懼太累人了，不斷分散我們的注意力，絕對不是好的驅動力；你的注意力是有限的，而且你越擔心可怕的負面後果，就越難擁有真正最好的表現。因為你的表現只是想保住在團隊中的位置，而不是以勝利為出發點。

儘管我們對恐懼動機迅速做出反應，但能做的反應也有限。恐懼只會導致更多的恐懼，最後產生偏狹與切割式的思想。

所以，我們不一定要讓恐懼予取予求。

讓人民在恐懼中團結，有個很好的範例，即紐西蘭總理傑辛達・阿爾登（Jacinda Ardern）所展現的領導力。以下是她在基督城（Christchurch）清真寺槍擊案的追悼會上，發表優美演講的部分內文：

> 我們對仇恨、恐懼和其他類型的病毒無法完全免疫。我們從未完全免疫。但是我們可以成為發現治癒這些病毒之道的國家。我們所有的人，從現在開始，都可以去做，不要把反仇恨的工作留給政府。我們每個人在自己的言行和日常的善舉之中，都擁有力量。就讓這些力量成為三月十五日留給後世的禮物。打造一個我們相信自己能做到的國家[2]。

她面對國家恐怖主義所表現出的同情和力量，促使人們面對這場悲劇時不只懷抱恐懼，還以人性做出反應。

在我們可能經歷的「驅動性」恐懼當中，並非所有都是顯而易見。退縮、排斥和沉默，都是經典的「被動攻擊」手段。由於這種情況並不那麼明顯，要測知這類恐懼可能必須透過自己的恐懼反應，或是單純在與某些特定人士相處、感覺受辱時才會察覺到。例如你的老闆沒有回答你的問題、無視於你，或對你不屑一顧，或者當你講話時察覺到其他人彼此若有似無的在使眼色的時候——這些情況都會讓你感覺到自己正在被批判。

實際上，操弄恐懼是一種懶惰的激勵方式。就我所知，絕對有更好的技巧和更多的關愛，可以達到你想要的任何結果。一旦引入恐懼，恐懼就不會一直定性存在，而是會繁衍、散播，就像紅杉裡的白蟻一樣，深深啃噬著我們的思維。以恐懼為基礎的環境，幾乎等同於扼殺熱情、激動、想像力或各種增長的可能性。

◆成功迷思之三：只有適者能夠生存

「適者生存」這個說法已成為以下想法的概括形容：最有競爭力的個人、組織和機構，也就是那些具有最進取心和排斥特質的個人、組織和機構，才會獲勝。這是華爾街之狼喬登．貝爾福（Jordan Belfort）的精神：「我的勇士們不會接受『不』的回答。除非客戶買單，或是他們死了——否則他們是不會掛電話的！」

有趣的是，這種「人吃人」或「不是你死就是我活」的勝利，是建立在錯誤假設的基礎上，而我認為這正是淺層勝利的特質。「適者生存」是一個被誤解又被誤用的說法。

這個說法是由哲學家和經濟學家赫伯特・史賓瑟（Herbert Spencer）在一八六四年讀完了查爾斯・達爾文（Charles Darwin）的《物種的起源》（*On the Origin of Species*）一書中出色的天擇理論後所提出。你可能會認為，「適者生存」表示一隻動物有能力征服另一隻動物，這正是史賓瑟對達爾文理論的詮釋。史賓瑟將達爾文的生物學理論與他的經濟理論結合在一起，提出了社會達爾文主義。這是一種廣泛延伸但籠統的思想，也就是：經過生死拚搏之後，生存下來的將是得天獨厚的種族和類型。他對這一理論的運用表明，人類已經進化成為地球上主宰萬物的統治者。而躋身要職的人（大多數是白人中產階級，靠著武力達到這個位置）是受天擇青睞，因此他們「最適合」那些要職。社會達爾文主義的思想已被廣泛運用於階級鬥爭、戰爭、種族主義和追求獎盃。

但，達爾文實際上寫的東西很微妙，也是你可以用來思考世界的一種好方法。追根究柢，他說的是自身繁殖力最強的物種才能夠繁衍子孫後代，不斷延續香火。因此，「適者」是關於有效育種的問題，而不是講究力量、擊敗其他物種或占據食物鏈頂端的能力。

有許多物種都能找到創新、幾乎無法想像的方式來繁殖，奇蹟般存活下來，而且無需占據主導地位。非洲東部坦噶尼喀湖（Tanganyika）有各類鯛魚聚集在一起，釋放出巨大的精子雲。雌魚將卵放入其中，然後將受精卵放進嘴中孵化。還有一例，當扮演支配角色的雌性小丑魚死亡時，雄性能夠改變自己的性別。你可以說，適者生存的要義不僅是當個鬥士，也要當個愛人。

後來，達爾文進一步延伸自己的想法，他說生存不僅要歸功於繁殖的最優化，而且還要適應當地環境。適應來自合作、協作、能適應變化並能充分利用機會，而不僅僅是支配、控制。想要發揮潛能，關鍵不是力量或支配，而是上述論點。

看看自己人生中那些真正的贏家，以某種程度而言，確實很出色，或是成長許多。但，是什麼幫助他們成功？你不會看到他們一味想要打垮競爭對手。相反的，你可能會發現他們很有創意和創新能力，願意改變、繼續前進並知道何時放手。他們能夠在社區中注入良好的能量，建立合作和交流思想。而且你還能從其中看到多樣性：各種不同的思想、經驗和策略，以及抵抗懷疑的力量。

這些才是真正的「適者」，也是值得我們學習的人。

◆成功迷思之四：不加入我們就滾蛋

曾經有一段時間，我們這群蘇格蘭佬喜歡在大學裡穿一件流行一時的T恤，上面寫著：「不只要贏，還要**打爆**」。我當時愛死那件T恤，標誌著我當時對那樣一個自認為優越且重要團體的歸屬感。

歸屬是人類的深切需求。你是否注意到自己曾在無意識中改變口音，只為了想要聽起來與你對話的人更為相似？我們大多數人都會在不知不覺中去適應團體，因為我們害怕被拒絕。

用進化論的術語來說，進入部落能確保我們安全而且受到保護，還為我們提供了清晰的身分和生活準則：當你屬於這個團體，你就得承擔團體的社會價值觀和責任。無論你是參加板球的「巴米軍」（Barmy Army）還是環保團體「反抗滅絕」（Extinction Rebellion），這原則仍維持不變。往好的方面看，歸屬像是一種強烈的社區意識或對團隊的自豪感，對身心健康都有好處。

但是當某種競爭出現時，歸屬感就會變成對部落輸誠的舉動。以小組或團隊為傲、想要與外人分享、想要大聲喊出自己的強烈認同，這些都不一定是壞事。事實上，無論你是參加乳癌的慈善活動，還是反對英國脫歐，只要你能與一群人分享共同經驗，都是一種美妙的感覺——尤其當你做的事情能振奮他人精神時。

所以部落主義（Tribalism）並不都是糟糕的。實際上，當你盡最大努力才配得上成為部落的一員時，它就可能具有神聖的特質。無論是英格蘭足球代表隊、美國職業籃球隊金州勇士隊，還是英國皇家海軍陸戰隊，任何一支菁英隊伍都適用。

部落主義的問題在於，它很容易演變為排外和菁英主義——你要嘛加入我們、要嘛滾蛋，東西是我們的而不是你們的，世界上只有兩種人：我們和其他人。這種「非我族類」的說法，指的就是優越，要比別人更好。例如，足球頌歌可以很有趣，鼓舞並振奮人心——如金曲〈足球回家〉（*Football's coming home*）；也可以令人作嘔、充滿人身攻擊和偏執的態度。以英格蘭代表隊二〇一九年在索非亞擊敗保加利亞的比賽為例，當時保加利亞球迷高唱糟糕的猴子頌歌、做出納粹致敬手勢時，這些種族主義行為使得比賽不得不兩度暫停。

一個部落能夠以一個思想或觀念為中心（例如政治），也能夠以一個具體的團體為中心，但極端的基本原則是，部落代表真理，是優越且排他的。英國階級制度以及政治制度都是部落主義的登峰造極之作。實際上，在任何地方的排他部落中，對所謂「正確」事物的看法都是狹隘的。這種團體的目標通常是支配、征服、擁有地位且自視甚高；相較於部落成員，團體外的人會被視為劣等、較差的。

如果我們認為自己必須加入部落、不惜一切代價都得加入這個特殊群體，那麼就會無時無刻害怕有一天自己會被踢出去。如果我們相信獲得會員資格很困難，就會陷進一種稀缺的心態。如果我們所在的團體總是排除其他人，這種團體只會使我們與他人脫節，而且還會增加與其他團體發生衝突的可能性。例如，至今關於英國脫歐的對話仍十分敏感，容易引起紛爭；或是推特總會出現激化的發言。

進入一個團體內部可能會感到安全，甚至感覺很爽。但是，請思考一件事：為了得到歸屬感，你是否也做出了什麼妥協？

◆成功迷思之五：情緒造就失敗

當你走進一家知名的英國體育機構大廳時，會在接待區看到一個寫著「要邏輯不要情緒」（Logic Not Emotion）的標語。這句話的意思差不多等同於「把另一半的自己留在家裡」。

當然，這個標語是要提醒人們在關鍵時刻保持沉著和鎮定狀態，是必要的精神紀律。但沒有說出來的意涵是什麼？情緒是不好的。

這是另一個成功的迷思：邏輯是經營生活最好、也是唯一的方式，而情緒是劣質品，必須加以遏制或壓抑。

我們都必須了解如何在壓力下保持冷靜的頭腦，或者「自駕飛機」（fly our plane）——這個名詞是由菁英績效教練戴夫．阿瑞德（Dave Alred）博士命名。在關鍵時刻使用邏輯來緩解焦慮，會使所有人受益（事實上，這是我工作的重點，我將在第七章中介紹如何做到）。任何面對壓力的人都需要學習這項技能。

但是，我們是否應該過著「時時刻刻都很關鍵」的生活？

當然不是。將人類用緊迫的時間逼出充滿邏輯、無懈可擊和機械人般的表現，與人類的運作原理是背道而馳的。它只會破壞我們的潛力，還會激發績效焦慮（performance anxiety）。

一刻也不鬆懈地逼迫自己，長久下來卻能拿出比較好的表現的人，在這世界上確實非常稀罕。多數人要有好的表現，需要的是充滿激情、目標和認同感。如果你總是竭盡全力而且感覺很棒，那麼你不妨去問問周圍的人如何看待你的動力——你可能會發現，他們只想離你遠遠的，就怕擋了你的路。

◆成功迷思之六：你必須犧牲

這個神話超級適合工作狂。意思就是：為了成功，你生活中幾乎所有事情都應該被犧牲；你需要超級獨立，具有超人的特質；同時，績效表現是一場嚴肅而認真的戰鬥，需要百分之百的警戒、嚴厲，以及永久保持的急切感。

我記得在我職業生涯的早期，聽過一位教練用這些思維發表演講。當他說出那些話時，他看起來其實已經瀕臨過勞邊緣，渴望征服一切的原形畢露。

我們不能老是想著愛和擁吻這些毫無意義的享樂。成功的路是一場戰鬥，一場至死方休的戰鬥，如果你不想努力奮鬥，可以現在就離開這個戰場。你要知道，這是人吃人的社會，貨真價實的戰爭，沒有人搞示弱投降這一套。成功不是留給膽小鬼的，成功只屬於少數人，成功屬於贏家。

他言語中流露的大男人主義和偏執狹隘實在教人無法忍受。這種思考方式非黑即白：你如果不能出人頭地，就是個廢材魯蛇。你的其他技能，才華和特質——想像力、創造力、幽默感、沉著與適應的能力或耐心——都不值一提。

遺憾的是，無論是在菁英體育運動之中，還是在任何攸關個人財富或榮譽的領域，這種想法絕非罕見。最近，一位同事與我分享了他與一位高層教練的對話。

我是個自私的混蛋，我已經準備好，只要能得到我想要的東西，犧牲一切都在所不惜。絕不留戀。當我回顧自己付出的所有、遭受的傷害、失去的一切時，你可能認為我會在乎。但我的家人知道我在做什麼。無論過去還是現在，一切對我而言根本都不算什麼。我會付出一切代價，只為了換取獲勝的機會。有機會贏可是一種特權。

這番話在其他人耳裡聽來，是不是很病態？這番話讓你感覺他是以一個人的身分盡最大努力做到最好，還是一個盛滿憤怒、怨恨和恐懼的水桶？

鬥爭的神話還伴隨著一種信念：你需要等到下班和（或）有所表現後才能好好享受、與家人一起出去玩、建立互愛的關係、考慮自己的幸福、投入社群或個人的理想。

我們許多人都熟悉這種緊迫與戰鬥的信念。你覺得自己需要克服下一個挑戰——某個重要的日子，某場比賽，某個學位，孩子的學業——然後才能投入更多的時間與自己所愛的人在一起。你甚至可以用這些信念去管教你的孩子；看看所謂的「虎爸虎媽」，他們就是以各種成就和活動塞滿孩子的時間。

哦，而且「投入時間」不只是與自己所愛的人待在同一個空間裡，還要在精神上和心靈上完全存在。也就是真正與他們在一起，而不是偷偷利用零碎時間查看電子郵件、擔心自己沒跟上進度。

這則神話通常還有第二部分：你有一個公開且看似完美的、工作場合的自我，還有一個私下的、脫下面具的自我。而且你不希望讓同事看到真正的、有缺陷的你。

但是，當你越是被害怕失敗的恐懼追趕，你可以表現的真實自我就會越少。請問問自己：如果你展現自己不夠圓滑、不太順從、不太完美或不太堅強的一面，會失去什麼？而如果你展現出自己更獨立、更好奇，也許更有趣的一面，又會有什麼結果呢？

你可能會覺得自己如果不夠投入、沒有拚命奮鬥，就太冒險了。但，事實上，這是家常便飯：在工作和運動中，我們常常會被評判自己是否付出百分之一百一十的努力。你最近一次聽到有人說「我真的覺得他玩得不夠兇，笑得不夠開心」或「如果他對成績不那麼認真，他會表現得更好」，是什麼時候？你有可能根本從沒聽過。

與其付出一半的寶貴精力只為了掩飾真實的自我或害怕失敗，何不打從內心相信自己一切會很好？因為你**真的**沒事，你本來就很好。

認清助長恐懼的信念

上面六種成功的迷思（其中有些還可能彼此交疊），有哪些讓你點頭，深感認同？希望你現在可以看清這些事情是如何建立在恐懼之上，讓恐懼長存心中。

你可能深受其中一兩種信念吸引——畢竟是這些信念成就了今天的你，你很難立即擺脫。但是，也許現在你至少可以領會，這些信念並非永恆不變的真理。我們一旦對這些信念買單，只會為人生帶來更多恐懼。

Chapter 4

你的環境裡充滿了恐懼嗎？

所有以恐懼做為驅動力的成功信念（「我們必須打敗、征服別人，並為了成功努力奮鬥」）也感染了我們的日常環境。這裡的日常環境通常指的是工作場所，但也可以指任何群體，甚至包括你的家庭。

你如何得知自己是否處於充滿恐懼之毒的公司、團隊或機構中呢？有個判斷的標準是：你總覺得哪裡不對勁，而且經常受到衝突和消極情緒所困擾。造成這種不快的原因，很可能是恐懼感隱藏在你的日常互動之中，導致潛意識裡出現困擾，但你卻說不出哪裡出了問題。

當然，某些環境明顯比其他環境更具毒性。在充滿極端霸凌的地方，尤其是充斥怨恨和醜陋評論的網路上，你會看到人們用恐懼和恥辱進行迫害。你可以在遊樂場、運動場、工作場所和會議室中看到恐懼，而且恐懼也常常出現在影視節目中。還記得電影《辣妹過招》（*Mean Girls*）的台詞嗎？「你不能和我們坐在一起！」

霸凌、恐嚇和迫害還有更多微妙的差異。帶有霸凌性質的交流經常隱伏且不可見，會讓你感到混亂，拖垮你的精神。而鬼鬼祟祟的霸凌者對其他人看起來都很好，使你產生自我懷疑。但是霸凌絕對會一步步地奪走你的身心健康。

你可能什麼都不想說。為了避免被個別針對，人類發展出的適應與融合能力簡直不可思議。無論距離自己的舒適區有多遠，無論霸凌使我們感到多麼痛苦，我們都會盡己所能去配合世界。

你可以說我們是變色龍，但還有一種動物更適合：印尼擬態章魚（Indonesian mimic octopus）。牠不僅可以改變顏色、質地、外觀和行為，還會模仿其他物種，例如海葵、獅子魚，甚至是水母和海蛇。

在有毒的環境中，羞恥經常被用作看門的惡犬，要你乖乖聽話。即使你的自我形象受損，但如果表面上看起來沒事，你可能會認為一切都很好，甚至沒意識到自己對這種激發恐懼的環境有多麼適應。通常不會有人提起，因為大家都跟你一樣適應了。你也可能已經習慣了。也許你本來就善於應對，你是那種愛惜羽毛、不惹是生非的人。你這輩子可以這樣好好過下去。

但你的環境充滿越多恐懼，你對生活的負面反應就越多。你可能感到有些畏縮和煩躁，卻無法直接指出因果關係。可能沒有任何人明說，或做出明顯舉動，但是你經常感到緊張，又無法解釋原因何在。

但是，請放心，恐懼其實不在你的頭腦之中。恐懼是我們從環境當中吸收的，就像口渴的植物吸水一樣。

例如，可能有某個同事會站出來為你發聲——在某個週一早上的例行會議，其他人可能不會發表任何攻擊性的言論，但是他們的肢體語言道盡一切：雙臂交叉，說話時看著別處。這使你提高警覺，並忖度著：「我最好不要做錯任何事。」然後，轟的一聲！你就這樣掉進了恐懼的陷阱。

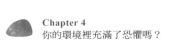

這樣的生活實在讓人筋疲力竭。好像有張砂紙不斷將你的舒適感從頭到尾刮掉。

最易引發恐懼的環境，通常會鼓吹老派的、咬緊牙根的韌性，並使用威脅和羞恥做為激勵工具。如果你遇到下面這些警示，表示你正在使用的系統出現異狀了。

◆一、被動攻擊

被動攻擊型的領導者並不會完全說出他們的意思（這樣就會讓你能立即做出回應），而是釋放足夠的恐懼，以及非言語的、半遮掩的線索，告訴你：輸或失敗都要面臨致命的結果。他可能會說出類似下面這種話：「好吧，如果你覺得做不到，我們很可能會縮減你的職權，分配給做得到的人。」一位高級經理曾對我描述自己與被動攻擊型老闆長達五年失衡的互動關係：「她所表達出來的樣子和她口裡說的話根本不同。她在說話前，臉上只有一種讓人感到羞辱的表情，接著就是停頓和嘆息，讓我覺得每次都讓她對我失望。直到離開時，我才意識到原來我花那麼多的時間在害怕自己讓她不開心。」

我還看過一間知名公司會把員工祕密安排送去一個他們戲稱為「夏威夷套房」的地方，但事實上的用意就和「流放遣送」差不多。這種做法會攪動所有人內心的恐懼，甚至暴露出更多恐懼——你也可以稱之為「海放恐懼」。被放進「夏威夷套房」的員工會被刻意排除在進行正常工作所需的對話中，但仍必須擁有正常的工作表現。沒有人會事先或公開告訴他們任何事，所以這些人孤立無援，只能自己糾結著到底哪裡出錯。

另一個職場常見的恐懼迫害，則是傳達混雜資訊。你會聽說自己某件事情表現得不夠優秀，但你又得不到其他奧援，只能繼續孤軍奮鬥。或者你被教練告知表現不錯，但最後卻沒派你上場。

被動攻擊和刻意含糊，與幫助提升表現、坦率的反饋文化，兩者截然相反。

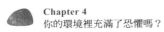

◆二、充滿掠奪性

這種環境充滿高度競爭，所以一定會有人輸。你感覺自己就像獵物一樣，掠奪者隨時都在等著你犯錯，好將你一舉成擒。因此你時時刻刻都要把事情做對——沒有犯錯的餘地。

你的表現還必須達到標準，否則就出局了（至少會被點名）。這種情況可以很明顯，就像業務員必須達到設定的目標才能獲得獎金；但也可能不太明顯，例如極力避免自己在團隊中被公認為失敗或「搞不定」的代表人物，或者你不希望在小組會議讓自己進度落後的事實被大聲宣揚。在充滿掠奪性的環境中，公開羞辱是常見的元素。

有時侵略性可能不太明顯，例如當大家把嘲弄或戲謔視為正常的交流方式時。這也可能發生在家庭之中，讓你對自己的言行時時小心，以免變成眾人的笑柄。人們可能會說，戲謔只是一種樂趣，出發點可能只是無傷大雅的玩笑，但事實上總是在尋找下一個受害者。不管你會不會被挑出來鞭責，你唯一的感覺是：「下一個會不會輪到我？」

無論攻擊是明顯的還是隱蔽的，都會使你的情緒失衡，並不斷提高你的皮質醇（cortisol，又被稱為「壓力荷爾蒙」）。這種攻擊還會讓你養成恐懼習慣。例如，你可能會給自己孤注一擲的最後通牒：「這次我絕不能輸」「我絕對得通過這項測試」「這會是一場災難」「這件事我必須圓滿完成」或「我不能再被投訴了，一次都不能再有」。就算你只是半開玩笑、未經思考就說出這些句子——但，包括你自己和周圍的人，其實都能感到這些話的重量。

◆三、權力基礎

在高度控制的組織和機構中，存在一種焊接型的權力結構。高層管理人員做出決定，其他人則必須遵守規範。

提出與主題和現行做法無關的建議，可能使你感到不安。你不能挑戰現有計畫。你可能會得到諸如「這聽起來有點籠統」或「以前成功過嗎」之類的反應，或像是我聽過最好笑的：「這是占星學吧」——表示你的提議不科學、未經證實，所以沒有效力。

這種現象就像幫「控制」罩上一層面紗，你只想確保自己不會做出任何可能被認為愚蠢的事情，或更糟糕的、被認為「與我們不一致」。有時只是分享一些想法，都要搞得像是正式發表。在高層決策會議中，你可能會小心翼翼，避免有太過於個人化的表現。你變成只能以結構化、遵從規範且引用數據的方式來表達自己的想法。你關掉了心裡的想像力開關，不再思考各種可以改進或修改的可能性，因為，萬一引起任何爭議就太可怕了。

還有其他過度控制的方式，例如，有些主管無法相信人人都能完成自己的工作，他們擔心的是人們只要獲得多一絲絲的自由就會懈怠。這種公司很難允許員工擁有彈性的時間或在家上班。在這種環境，你通常會發現一種「假性出席」文化，員工坐在辦公桌前盯著螢幕瞧，但人在心不在。

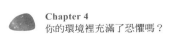

在這類組織中，你要做的是適應和遵守，不是脫穎而出或違抗。你還應該「謹守本分」，不要憑空冒出新的想法，也不要跨足其他人的工作範圍。這種系統的中心能量是源源不絕的焦慮，而你付出的是高昂的心理代價。

◆四、充滿占有欲

感覺自己是公司、機構、團隊或學校的一份子，與感覺「被擁有」是有區別的。對一個人的言行舉止和行為方式加諸過多控制，會讓人開始感受到占有欲。「我們的人」「我們的學生」「我們的團隊」……為「我們的利益」而使用「我們的條款」。你一定要付出這麼多，才能成為他們的一份子嗎？

在這種組織中，你可能會覺得自己像機器人或機器中的齒輪一樣，人類好像只是系統的組成零件，而非系統的中心。成果最大化、追求競爭優勢才是最重要的事。

你會感覺好像自己已經以人資部門決定的價格，出賣了自己的靈魂。你周遭的氛圍是，你該為能替公司工作、能有這個職位感到高興。而且，你最好對所有價值觀和規範全盤接受，如果你想以不同角度思考，只是給自己找麻煩。如果你的家庭氛圍符合這些描述，那麼你們家可能有一個「女族長」或「男族長」──公然或暗中──在影響家庭裡其他成員的生活。在球隊中，你可能吸收到的想法則是，慶幸自己能為球隊效力，所以乖乖閉嘴、心存感激就好。

最近有個熟人告訴我，某個新上任的球隊教練堅持絕不選留著辮子頭的球員。那名教練表示辮子頭看上去「草率」，他希望球員看起來專業。這不僅是沒有文化常識的表現，而且還流露出霸權和掌控欲。他的意思就是：「你最好像我一樣──不但看起來一樣，感覺起來也要一樣，否則……」即使球員服從，球員與教練之間的關係也將永遠失去某些珍貴的特質──因為個人特色消失了。何況，如果沒有個人風格，「表現」就失去了最主要的意義（順帶一提，那個教練沒多久就離職了）。

死守著一致與統一規則，只會帶來貧乏的思維。當你嘗試控制人們的個性，使所有人和所有事情在文化和品格上都具有相同樣貌和尺度時，美麗的東西就會消失。

那麼，如果孩子想用別種方式穿襯衫，或者想剃光側邊頭髮怎麼辦？如果球員想在比賽中把一隻襪子拉高、另一隻襪子捲低，或者體操運動員想要留著莫霍克式的髮型

（mohawk）又該怎麼辦？

為什麼一定要穿襯衫打領帶，讓每個人看起來面目模糊、缺乏個性？如果你以**你**的樣貌去上班會怎麼樣？你會感覺不必再隱藏自己而展現更多的自我嗎？做自己會很嚇人嗎？

在恐懼中生活與工作

在這類過度控制、以恐懼為基礎的環境，沒有一個地方可以萌芽然後開花。相反的，你只會感覺自己能做的只有輸出成果。這樣會造成什麼損失？你的想像力和創造力。

還有其他損失是你可能想不到的，例如誠實和良好的行為。我有時實在想不清楚，體育、商業、政治或一般工作場所中的無情表現和順從文化所引發出的那些糟糕行為怎麼會讓人們感到驚訝。原因很簡單：遵守規則與打心底服氣是不同的。在「遵守規則」的情況下，即使你依照規則行事，也只是暫時、虛假且被迫的。

要建立能夠激勵人心、讓人變得更好的工作場所，有很多更好的方法。你不一定要強迫大家一致，才能讓制服、團體認同和儀式具有更多意義。

澳大利亞板球隊在國際板球對抗賽所佩戴的寬鬆綠帽子，已超過百年歷史，就是很好的例子。「毫無疑問，這頂帽子的光環為澳大利亞隊帶來了心理優勢。」前任隊長馬克・泰勒（Mark Taylor）說。任何徽章、襯衫、紋章或「神聖」的地方，都可以具有個人含義。任何努力了解自己的歷史、身分和象徵意義的運動隊伍，都具備這種特質。

你會看到某人以特定方式整理自己的工具包，或是某人總是先穿好靴子才綁上護腿板；你可以說是迷信，也可以說是有用的儀式。保齡球手在比賽開始前對著球低聲祈禱，或是某種繫鞋帶或緞帶的方法，都能產生強大的個人和集體意義，這些都不是以控制能達到的效果。

被迫保持與整體一致，會使你的恐懼情緒高漲。我們其實都非常願意重複模式，直到模式被打破、被刻意更換為止——不僅是日復一日、年復一年，如果你不能全面解決恐懼情緒，這種恐懼只會永遠維持下去。

站出來的時刻到了嗎？

在一個文化和社會體系裡，隸屬其中的體育活動可以被視為先聲警鐘。體育文化的改變不僅限於體育活動，同時也反映了整個社會正在發生的事情。

目前，體育界很明顯面臨一個轉折點：老式的、掠奪性的、占有欲的、控制性的、製造恐懼的做法終於受到挑戰。運動員和其他專家都站出來大聲疾呼，指出過去體育活動遵行運作的方式非常有害，另一種新的教練和領導風格即將出現。

正如體育記者葳琪．霍爾（Vicki Hall）在談到加拿大冰球比賽時所說，「『更衣室裡發生的事情，留在更衣室裡』——那樣的時代結束了」；她在報導老牌教練比爾．彼得斯（Bill Peters）因種族主義和體罰遭受指控而在二〇一九年辭職一事時，這麼說道。

但是，如果你不是體育圈的人，這件事對你的意義是什麼？也許你的生活過得挺好，所有事情都很順利，你的心態沒有炸裂，每個人都難免會有自認為失敗者的時候，這很正常，對吧？

錯了。如本章前面所說的，如果你發現自己在恐懼環境中工作，甚至主導，理想的情況應該是舉起手來說：「這是不對的。」

但是，為什麼你**應該**大聲疾呼並反對激發恐懼的行為呢？因為這確實是件重要的事。如果我們想要從內在獲勝，在生活中就該減少恐懼，才能擁抱更多自由。有越多的人能挑戰現狀，我們將看到的變化就越大。

但，反抗恐懼不僅僅是我建議的「要勇敢」而已。有些人無法為自己站出來說話。你可能完全沒辦法用任何方式站出來對抗或挑戰。在這種情況下，最好的辦法就是離開。如果你做不到這點，仍可使用某些方法來發現和處理恐懼，後續的篇章會告訴你該怎麼做。

不過，如果我們確實挑戰了促進恐懼的文化，就可以改變人們工作和娛樂的環境。然後，在個人和專業層面，我們會看到所有人的恐懼反應都減少了。

如果你在管理一個團隊或組織，或是老師、在社群與家庭中擔負責任，那麼你自己也可以成為變革者。仔細思考看看：你是否以我所描述的任何方式，使恐懼永久化？甚至允許或忽略恐懼？這不是在責備你，畢竟傳統的成功法則深植在許多人心裡。但是，請認清，有更好的領導方式可以帶來更多成就，同時帶來更佳的績效表現。這才是雙贏。

這種改變需要一些時間。舊的做法不會立即改變。對很多人來說，贏家之道是嚴肅認真、不停餵養自己恐懼，這種想法仍很普遍——對許多人來說仍然很誘人。

儘管如此，只要我們開始行動，事情就能產生變化。

Chapter
5
恐懼的文化會帶給我們什麼後果？

在前幾章的內容中，我們已經明白恐懼是如何透過信念在工作場所和其他環境中影響我們。現在，我們要來研究，生活在恐懼文化中可能帶來的相關個人成本。這些影響是涵蓋整個文化的，所以我希望你在閱讀時會感覺到身上因責任而生的重擔減輕。同時，我也希望你在一些範例中看出自己的處境。

生活在恐懼文化中，並不會對每個人產生相同的影響，因為這不僅取決於每個人的性格，還取決於每個人的成長方式以及所接觸的信念和行為。

那麼，生活在恐懼文化中，對你有什麼影響？你可能會變得退縮，在某些方面畏首畏尾，這樣的生活只會限制你的潛力和成就。恐懼還會使你變得僵硬，更加想要控制自己和周圍的人；恐懼會讓你陷入痛苦、羞恥的境地。這些事只會讓你越來越不對勁，無法像個正常人一樣發揮真正潛能。

儘管接下來的內容可能令你感到晦暗、陰沉，我還是希望能讓你洞悉生活中某些特定領域，或至少有些頭緒。一旦意識到自己的經驗背後又是恐懼在作祟，你就能思考如何利用本書第二部的想法，有效幫助自己克服恐懼。

五種恐懼的限制

當你被恐懼和稀缺感包圍時會發生什麼事情？你會畏縮。（你可以把像我這樣的心理學家稱為「反畏縮家」，因為我們希望你拿出相反的表現！）你可能會發現，恐懼以下列五種方式中的任何一種（或甚至多種），限制了你的能力。

◆一、恐懼會破壞你的樂趣

你總是在辦公室待到很晚，在晚上回覆電子郵件，堅持在週末搶先開始進行工作項目嗎？這就表示恐懼正在你背後運作：你必須犧牲享樂才能成功。即使你有時間休息，也不會放鬆。

如果這是你的生活方式，你會覺得美好時光阻礙了成功。你可能會認為，優先考慮娛樂活動只是讓自己懈怠，有一天你會因此輸掉、被淘汰出局。或者你可能認為娛樂就代表欠缺意志力與缺乏自律。

恐懼感成了偷走樂趣的小偷。當你受到恐懼驅使，所有事情都會感覺像在工作。你煮晚餐有可能只為了給某人留下深刻印象，或表現給某人看，而不是享受料理帶來的單純喜悅。對你而言，「樂趣」干擾或耽誤了人生的真正目的，只會讓人生「不夠好」。

這**真的**是你想要的生活嗎？擁有美好時光真的會讓你的人生變糟嗎？

娛樂——尤其是與你信任的人一起享受的娛樂——能為你提供感覺良好的化學物質和荷爾蒙，包括為你帶來愉悅感的內啡肽、有益的多巴胺，有時還會產生讓你感覺被愛的催產素。樂趣會降低壓力、增加正面能量，也會提升表現。而且樂趣帶來的舒緩感也有助於預防過勞。

我們天生就喜愛玩遊戲。遊戲能使我們脫離績效模式，使我們感覺自由，能當真正的自己。為娛樂騰出時間，就是為靈魂騰出空間。當然，發揮潛能的某些過程絕對不會太有趣，例如體育賽季開始前的耐力折返跑，或考試前的總複習。但是，別讓恐懼排斥了人生中最美好的事物。

◆二、恐懼讓你變得畏縮

恐懼可能讓你變得膽怯、迷失方向，你只希望自己不會失敗或受傷。這樣的你不願意大聲表達意見，寧可選擇緩慢舒適的安逸生活。恐懼使你逃避任何有挑戰性的事情。你只想安然無事地度過一天，不必處理難受的情緒。為了擁有簡單輕鬆的生活，你可能不知不覺中掩蓋了自己能發展得更好的一面。

也許你經常以忙碌來逃避思考其他可能性：畢竟，各種開銷帳單總要想辦法支付，總要拿好看的成績，比賽也總要得分。

但是，也許隱藏起來或變得畏縮，感覺也沒那麼好？

我們每個人都劃出了現實生活的界限：我們可以賺多少錢、做什麼工作、住在哪裡、達到何種教育水平。儘管我們當中有些人面臨更多現實考量與限制，例如金錢、孩子、疾病、年邁的父母等等，但大多數人基本上都還是處於自己劃定的限制內。

請問問你自己：誰為我劃定了那些界限？我決定去做某些工作、住在某個地方、生幾個孩子，是否只是為了滿足他人期待？恐懼是不是把我的界限縮得太小了？

你可能已經聽過美國知名的心靈導師瑪麗安．威廉森（Marianne Williamson）在她的著作《愛的奇蹟課程》（*A Return To Love*）中一段著名的話，納爾遜．曼德拉總統在一九九四年就職演說中也引用了這段話。在這本書中，她優美地指出，我們所有人都有能力超越恐懼所施加的邊界：

> 我們最深的恐懼並不是自己不夠好，而是自己擁有超乎想像的能力。我們害怕的是自己的光芒，而不是自己的黑暗。我們自問，為什麼我可以如此聰明、美麗、才華橫溢與出類拔萃？事實上，為什麼你不可以呢？

為了能逐一達到既定目標，人們通常用線性的方式展現個人成長走勢。但是如果我們能把這些事情想像成一段旅程，會更有幫助。重點是寬廣、深化和擴展，而不僅僅是改善；重點是走出去，而不僅僅是成長。

我把這個過程稱作「徒步旅行」。除了達到目標，我們一路上還有其他發展，成就了美好回憶、深厚情誼和生動體驗。如果你想多進行「徒步旅行」，請先看看有多少恐懼正阻擋著你探索自己想做的事情，有多少事情不被我們的文化認可為成功。徒步旅人選擇離開傳統的成功道路、另闢蹊徑，只為了擴展成長並得到新的體驗。例如作家兼企業家戴夫・亞斯普雷（Dave Asprey）曾在矽谷擁有極為成功的職涯，後來為了改善健康情況而展開個人的旅程，現在他鑽研生物駭客領域，將自己的發現寫成五本書，還創立了全球性的健康優化公司「防彈飲食」（Bulletproof）。

恐懼正在限制你對自己的信念嗎？你可能會想「我不擅與人相處，所以我不是管理的料」，或者「我不討喜，所以我永遠沒辦法維持持久的關係。」

史丹佛大學心理學教授卡蘿・德威克（Carol Dweck）提出的成長思維模式[3]，可以幫助你改變那些綁手綁腳的觀念。德威克指出，如果小學生相信自己可以變得更聰明，他們就會更努力用功，也會堅持得更久，而最終，他們的表現也會比自認智力已經固定的學生更好。

> 即使（或特別是）在狀況不佳時，仍有拓展自己並堅持下去的熱情，就是成長型思維的標誌。這個思維使得人們在面臨人生當中最多挑戰的階段時，還能持續茁壯。

嘗試從成長思維的角度，去看待你想要改善、擴展和改變的所有領域。如果你相信自己可以變得更聰明、更睿智、更善良、更有同情心，那麼你的機會就來了。更精確地說，如果你相信自己可以學會法語、擁有良好人緣、開始跑步、獲得學位，那麼這些事情發生的可能性就越大。

有時，成長也可能代表放手，而不是得到什麼，例如結束一段關係或工作，或是選擇不要升遷。

進行任何改變，都需要勇氣。踏出第一步去實現任何事情，都會伴隨風險、不確定性以及恐懼，但這一步是值得踏出去的：這是個非凡的禮物，會為你迎來各方面的成長。

◆三、恐懼會背叛信任感

當恐懼增長，信任就會下降。如果你在這樣的環境中工作，或度過一段時間，可能會感到人們都只顧自己，不管他人死活。他們會轉過頭來看你，只有在你出錯的時候。在某些情況下，可能還有某種基於條件式結盟的忠誠；如果你幫我的忙，我也會幫你一次。在上述任何一種情況中生活，只會耗盡你的精力。

還有一種方法可以判別低信任度的環境，就是觀察是否有小圈圈存在。這種小圈圈通常擁有獨家資訊和特權。如果你不幸在這種小圈圈之外，是很麻煩沒錯，但待在裡面也有害。即使你受到大家的喜愛、被大家認可，當不適應這個圈子的人成為眾矢之的或被嘲弄時——例如你再也無法得到某些重要資訊，甚至沒被邀請在下班後跟大家喝一杯——信任感就變得跟衛生紙一樣薄弱，恐懼則會大幅增強。你不禁會猜疑，有一天被排擠的人可能就是自己。

此處所談的「信任」與某人能否完成工作無關，而是對他人或對他們的意圖抱持信念。這樣的信任來自於熱忱真誠的心，才能激發忠誠、忠實和愛心。這是對生命充滿希望的信任。

你可能會將個人的信任看作舒緩緊張和戒慎情緒後的表現，就像原本閉縮的蕨葉打開一樣。在毛利人藝術圖騰中所見的初露（koru）符號，就是從蕨類植物的外觀發想的，它的螺旋形狀傳達的想法是：就算向外打開，也可以回到起點。同樣的，當你敞開心胸、將信任擴及旁人時，也必須定時更新信任他人的意願。

我們的目標通常會與其他人一起實現，因此，低信任度不只虛耗精神，還會阻礙自我拓展、不肯為實現目標而冒險。

◆四、恐懼會限制你的精神自由

我們都很擔心別人怎麼看我們。對於某些人來說，這可能是沉重的負擔。就連非常有自信的人，都會受不了自己看起來像個白痴，也會顧慮別人如何評判自己。他人看待你的眼光所帶來的焦慮，會影響你的精神自由。追根究柢，當你考慮別人對你的看法，你其實就是在害怕自己的表現不夠出色。

精神自由就是把自己從別人的意見解放出來，與上述的恐懼恰恰相反。這是一種心理的寬敞以及難得的時刻，你得以專注於自己想要的任何事物，或者純粹平靜下來，內心不必總是七上八下。

如果你想同時善加利用自己的才華和潛能，就需要精神的自由。恐懼會讓一些想法牽絆我們，而無法展現更多智慧或發現機會。實際上，恐懼使我們更愚蠢。

但是，在現代生活中，所有人的心智確實都處在繁忙狀態，忙得不得了，因此，精神自由的關鍵就在於控制自己的想法。你必須審慎留心當下正在做的事及做事的方法。你必須繼續努力，才能在放掉無用想法和採取行動之間達到平衡。而且你還得想辦法避開捕蠅草般的恐懼心理分散了注意力。

如果你練習過武術或冥想，應該已經知道精神自由的感覺；我會在第七章更全面說明實現此目的的其他方法。就像李小龍說的，「專注力是人類達到所有更高強能力的根源」。武術家用集中力感知並體驗當下，並且隨時清楚知道內心和周遭事物的動靜。

精神自由能與恐懼抗衡，因為「接受當下」與恐懼是不能共存的。恐懼總是攸關未來可能發生的問題，即使那個未來只有幾秒之遙。

正如眨眼可以釐清視線一樣，不斷讓思想回到當下，就可以清淨心思，但你必須是刻意為之、主動清理思路，不要屈服於無止境的閒聊和胡扯。實際上，你隨時都得這麼做。這不是多困難的事情，只是一個過程。先深呼吸、檢查注意力跑到哪裡，然後把注意力找回來。

◆五、恐懼束縛了你的期望

我借用朋友阿萊塔使用過、很棒的表達方式，來形容人們對自己或他人施加的限制：「低期望值的悲劇」。低期望值表示，像我（或你）這樣的人不夠好，所以我不會抱太高的期望。

期望是野心背後的動力。期望設定了方向，幫助你相信且呵護自己的潛力，使之萌芽。當期望受到限制時，你可能會選擇屈就較差的條件，乖乖待在為你（或被你）設定好的限制之內。當某種特殊性被誇大，也有可能出現這種情況。認定成功只有某些特殊人物才能達到，其他人再怎麼努力都只是泛泛之輩（包括你），這加劇了你對失敗的恐懼。

在各種菁英運動中，我跟許多才華洋溢的女性談過。她們告訴我，在男性全面宰制的世界中，不被他人的低期望值拖垮有多麼困難。她們知道自己在智力、技能和性格上都是與男性平等，但她們也知道人們常常不期待她們像男運動員那樣能夠領導、提出意見或勇於冒險。如果以特殊性（「妳和大家不一樣」）來解釋她們的成功，反而會給女人施加壓力，使她們噤聲、保持和諧，以免她們的「特權」地位挑起事端。

有時我們會對不同類型的人帶有偏見，或在不經意間做出判斷，而使期望上修或下修，這些類型常和膚色、種族、國籍、性別認同或社會經濟背景有關，但這些特質其實都與才華和成為贏家的能力無關。

這種情況尤其容易發生在殘疾人士身上。以來自英格蘭德文郡（Devon）、前英國皇家海軍陸戰隊員且右腿截肢的李伊・史賓賽（Lee Spencer）為例。在二〇一九年，我崇敬地看著他在六十天內划了超過六千公里，從歐洲大陸橫渡大西洋並登陸南美洲。他所花的時間打破肢體健全者創下的紀錄，甚至還遠遠少了三十六天。他日以繼夜面對著四十至五十英呎高的浪頭，度過了深深的孤獨和身體上的痛苦，而且每次只睡兩個小時。

當然他也有可能失敗，而且很有可能失敗。但是李伊．史賓賽心中沒有任何雜念，特別是恐懼，在提及身體障礙與低期望值的事時，他這樣對我說：

當划船跨洋的想法開始成形時，我很快就發現肢體健全者創下的紀錄是九十六天。我的想法是，如果我達到這個目標，就不會被看成是肢體障礙人士。當我開始划船時，腦海突然靈光一閃：我意識到自己仍然和以前一樣。我不該因為自己的肢體障礙就想嘗試為自己下新的定義。這也讓我開始思考，我們的社會如何以狹隘的方式定義肢體障礙人士。

劇作家兼演員尼爾．馬庫斯（Neil Marcus）是殘疾者文化發展的關鍵人物，他的話充分說明：擁有較少恐懼的思維方式和想像力，才能造就出像李伊這樣的持久贏家。

殘疾不是勇敢的鬥爭，也不是什麼「面對逆境的勇氣」。殘疾是一門藝術。

這是一種獨創的生活方式。

別讓低期望值限制未來發展

如果沒人期待我們能把事情做得更好，我們就會更快放棄，然後將可能性限制在「不適合我這類人」的標籤下。值得記住的是，我們必須用自我實現的角度替自己譜寫人生故事，不要等別人幫你重寫。因為一旦話語權被拿走了，不見得很容易就能取回。

當我聽到人們親手捏碎自己的夢想、黯然將夢想又放回口袋時，總是特別難過，因為他們認為「他們那種人」不會成為贏家。低期望值和自卑是不同的。自卑的人會說「我不夠好」，而低期望值的人則會說「像我這樣的人還不夠好」，或是：

「即使我知道答案，我也不會舉手，因為我只是個笨小孩。」

「我不會爭取領導權，因為一向都是白種男人擔任這個角色。」

「考試能過，我就很高興了，畢竟我的家人也不是學術背景出身。」

「我這種人是不會得到那種工作的。」

「在那種環境下，女人永遠不會被接受。」

覺得自己是人生勝利組的人，當他們發現自己達到頂峰，通常不會感到非常驚訝；他們或許會覺得感激，但並不會驚訝。

我們應該做到的是，努力投入，竭盡所能；最重要的，克服自己的恐懼，為自己樹立美好的期望——尤其當你身邊的人都抱著低得可悲的期待時。

集音樂家、政治活動家、記者、詩人和作家身分於一身的阿卡拉（Akala），在他的著作《原住民：帝國廢墟中的種族與階級》（*Natives: Race and Class in the Ruins of Empire*，暫譯）[4]中清楚說明了，一九八〇年代加諸在他這個於北倫敦長大的混血男孩的低期望值所造成的情況。他描繪了教師的偏見和恐懼如何扼殺非白人兒童的教育期望，無視於他們的潛力並抱以冷淡態度。

阿卡拉雖然資質穎慧，仍舊被安排進入一個特教班級。他一再被告誡在教室裡少講話，或完全別講話。他提到自己有個朋友也在學校經歷過類似事情：「老師走過去告訴他的母親，她的兒子太聰明了，他知道所有的答案，而且他『沒有給白人孩子一個機會』。如果她能讓他安靜下來，那就太好了。」

期望和天賦才華的多樣性無關，畢竟不同的活動總是需要不同的能力；期望是在欣羨他人的高超表現之餘，依舊把握自己的可能性。

請盡量不要限制自己的能力，也不要因為不確定自己是否該投入競爭而索性把自己關起來、畏縮或追求較小的目標。你隨處都會發現自己的超凡卓越。

我們受羞恥心所苦

恐懼帶來的限制，可以說是恐懼文化的直接影響，但羞恥感的問題卻更加嚴重。

每個人都有羞恥心，但並不是每個人都會被此綁住手腳，除非你曾經有隨時戰戰兢兢、準備隨時應付那些曾經歷過的、告訴你不配得到某物、資質低劣或敗事有餘的恥辱經歷。這並不表示恥辱不常見，那些存在於我們早期記憶的經歷不一定都是極端經歷：恥辱也可能發生在像是經常被公開訓斥或被當眾揭發一樣普通的場合。

如果你遭遇上述狀況，得隨時準備接受恥辱的攻擊。因為你自認不夠好，所以羞恥感襲來會讓你感到一陣屈辱和痛苦。然後，如果你已被恐懼包圍，那麼，只要小小一步，更有害的羞恥感就能隨時炸開，取代失敗所帶來的淡淡失望感。

恥辱帶有特殊的臉部表情和言行舉止。我們可以看看澳洲板球選手透露參與二〇一八年破壞比賽用球醜聞一事的例子：在採訪中，他們的眼神低垂，姿態怯懦。實際上，你會看到他們極度痛苦（他們也確實很痛苦）。就算你的恥辱不太可能上電視，還是可以讓你非常痛苦。

澳大利亞隊隊長史蒂夫．史密斯（Steve Smith）在認錯並道歉時哭了。板球選手確實做錯了事，但逼他們上電視道歉還是有點冷酷、不人道，簡直是戴上枷鎖示眾的現代版。

二〇一二年，澳洲游泳選手在倫敦奧運會的表現成績遠低於預期，當時也發生了類似的事情。後來陸續傳出一些團隊行為不檢的細節，例如濫用處方藥、罔顧宵禁命令而四處上門聊天、在比賽前於選手村偷喝酒和摻了提神飲料的調酒等等——有幾位游泳選手被迫在電視上為自己的行為不檢認罪。

他們歸國後，我受託為他們的團隊撰寫一份文化報告。我的結論是，儘管運動員們確實失序，但更深層次的問題源於組織、領導力和有毒文化等方面的長期因素。然而，大眾——或至少那些八卦小報——卻要求進行電視公審來羞辱他們。

我們怎麼會認為羞辱某人能改變他們的行為呢？難道這是糾正情況的最佳方法？但其實這兩種目的都達不到。

要幫助人們改變行為，有比較不懶惰的方法，例如保持良好的聯繫和關懷。這確實就是澳洲游泳隊所缺乏的正向引導，隨後這個問題也獲得了改善。

內疚與羞恥的不同

正如布芮尼．布朗（Brené Brown）在以「聆聽羞恥」（Listening to shame）為題的TED演講中指導我們的觀念[5]，羞恥與內疚並不相同。用她的話說，內疚是「對不起，我犯了錯誤」，而羞恥則是「對不起，我是個錯誤」。

內疚是有用的，因為它使我們與最好的自我保持一致。當你為不該擁有的東西或不該做的事情感到難過時，你會內疚。這通常與道德和原則有關，你的想法中有許多「應該」，而且你希望事情變好。

有些情況你可能會感到內疚：你沒有把自己逼到極致去做好某個專案，最後案子失敗了；你擦撞了一輛停在路邊的汽車卻逕自離開，沒有在擋風玻璃上留個紙條；你對你的伴侶不忠。內疚可以是一種強烈的情感，但是如果你能彌補自己的所作所為或至少道歉，一切都能修正並做得更好。

另一方面，羞恥只會使你打從心底覺得自己一文不值，削弱你的自尊心。你很輕易便能理解，為什麼我們都不喜歡「羞恥」，因為有時我們甚至什麼事情都還沒做，就能感受到那種感覺。

實際上，羞恥通常是對他人行為的回應。可能發生在校車車站被人稱為「蕩婦」的時候，或者被種族主義者霸凌的時候，或被人說你太胖、太笨、太窮，或遭遇到離婚、被解僱、排擠或嘲笑。羞恥會讓你感到丟臉、不受尊重和受傷，它帶來的傷害是發生在靈魂層面的。

游泳選手和板球選手都做錯了事。他們知道自己錯了，我們也知道他們錯了。這種情況下，內疚和道歉是恰當的；但是當他們被侮辱般地出現在電視上、受到各種負面關注，他們的內疚便有可能轉變為羞辱。

大多數時候，羞恥和焦慮是並存的。如果你預想過那些令人感到羞恥的情況（例如約會、在工作中提出想法、與新伴侶的家人見面）加劇了你的恐懼——你可能會想要逃跑或躲起來。運動員上場前，則可能不斷在設想失敗後所感受到的尷尬和恥辱。

一個用內疚感來激勵員工的組織可能會告訴你，你沒有達標是因為不夠努力，你要做的就是加倍努力。一個用羞恥感來激勵員工的組織則會告訴你，你沒達標是因為你不夠好。這些事如果發生在公共場合，就會加重恥辱感。

回歸人性

看看以下兩位女性菁英運動員與我分享的例子。在這兩種情況中，團隊教練都希望運動員降低身體質量指數（ＢＭＩ，衡量人體脂肪與肌肉組成比例以及最佳體態的指標）。

Ａ隊的教練制定了為期四週的強化培訓和營養計畫。她告訴隊員，四週後，她希望她們穿上新的緊身萊卡制服——這會清楚展現訓練結果——同時也有助於順利進行之後的訓練和比賽。

教練召集全體隊員，公布她希望每個人實現的標準，這些要求也能為她們帶來職業優勢。教練也解釋因為每個人的體型和角色不同，這些標準雖然因人而異，但都在一定範圍內。她還希望每個人都能達到自己的最佳狀態。教練概述了運動員可以獲得的支援，並衷心鼓勵她們為團隊付出最大努力。最後，她分享自己目前職涯所遇到的困境，以及她最終克服之後為自己的健康狀況帶來的改變。她還鼓勵球員相互作伴。

隊員們都很緊張。她們不想在所有人面前出糗，但是她們用幽默的方式面對；她們在WhatsApp 群組上分享了有關「日光浴搭配優質防曬霜足以甩掉一公分肥肉」的技巧。其中有人還把激勵字條綁在胡蘿蔔棒上，放在其他人的儲物櫃中。她們每週發起一次「瑞士蓮巧克力球」挑戰賽，大家會以巨大的掌聲及搞笑的演講歡迎成績最糟的人領獎。教練和體能訓練師也被邀請觀禮。

至於B隊，教練召集全體成員，詳盡介紹了敵隊選手的良好ＢＭＩ指數。他說，他對敵隊選手充滿敬意，因為他們用堅韌的性格和真正的敬業精神取得了良好成績。

開會期間，教練拿出一張六英呎高的疊層圖表，將隊上每個選手按照ＢＭＩ排名，然後將圖表貼在團隊休息室牆上。圖表頂部的標籤寫著「最胖選手」，底部的標籤則寫著「最佳選手」。教練請ＢＭＩ指數最高的五名選手解釋為何自己如此超標，並問她們下次錦標賽前該怎麼解決這個問題。選手們尷尬臉紅，顯然很不是滋味，但還是喃喃說出自己的答案，而教練認為這是她們感到尷尬（恥辱）的跡象，可以迫使她們做出改變。

教練還要求隊長告知全隊，所有無法達標的人都有可能被踢出去，此後就沒再公布任何後續消息，大家也不知道何時才會重新回顧這件事情。選手們紛紛著急起來，這一點也不意外——有些人在接下來幾週內設法降低自己的ＢＭＩ指數，也有些人表示自己心裡忐忑、七上八下，而且有意迴避教練。有幾個選手甚至開始加強有害的體重管理方法。

你能看出Ｂ隊教練如何利用羞恥心和操縱羞恥心來進行威脅嗎？即使他讓每個球員都降低了自己的ＢＭＩ，那也是因為他使用激將法、以踢出團隊相逼才達到目標。而在Ａ隊中，教練基於彼此的信任，致力於深化成員對於自己職業選手的身分認同。Ｂ隊的教練讓大家一較高低，而且沒有劃定明確時間表。最關鍵的差異是，他動用了非常巨大的威脅：做不到就會被放棄。

從Ｂ隊選手的回應中可以看出，羞恥心不是個好老師或驅動因子。恥辱令人痛苦。當你需要避免恥辱的時候，你最關心的就不再只有是非對錯，而是自保。

恥辱使我們失去了人性。想獲得真正的改變和持久的效果，我們需要重新回到人性基礎。我並不是在建議降低標準，或表示違規的運動員（或任何人）不必承擔後果。而是：當有人犯錯時，我們不應繼續加重他們的痛苦。恥辱會傷害這些不巧遭遇挫折的人，也會傷害我們所有人，因為我們也會擔心這些恥辱的情形哪天會發生在自己身上。

過度控制

在充滿恐懼的文化中，應對壓力另一種常見的方法，就是過度控制。我們不想在犯錯後被抓到、不想遭受批評，更不想經歷恥辱的情緒——那種腐蝕人心的狀況可說是最糟糕的。為了避免上述種種情況，所以產生了過度控制的情況。

控制的形式有許多種。我們可能變得過於控制自己、想確保自己完美，或者用嚴苛的標準來評判自己。要不就是對其他人不近人情，因此才能批判或操縱他們。

當然，控制也是有正面意義的。控制能帶來秩序，秩序則能帶來專注，專注就能帶來沉穩的感受。這種感覺可以非常舒緩人心，每個熱愛條理的人都能作證。想要有效完成工作，你就需要結構和系統。

理想情況下，控制可以平衡你的衝動、情緒和分散注意力。它可以使你提高工作效率，保持雄心壯志並持續努力。控制與紀律緊密相關，而紀律是另一種確保堅守正確規範、規則和例行程序以取得最佳成果的工具。控制與紀律是兩種善用之後能帶來出色成果的機制，但前提是我們不能反過來被制約。

但是，當你的腦海充滿「不夠好」的恐懼時，你的補償方式可能是非常努力工作，確保自己不會失敗——控制欲也就越來越緊繃，紀律成了信仰。

其他人可能會問，「你不休息嗎？」或「你為什麼不請假？」你可能會想，「開什麼玩笑？」如果你處於控制模式，那麼休息就會變成一種奢侈。分散注意力、找樂子，或用電視、酒精等暫時分心（或開心）的管道麻痺自己，這些或許能為你帶來一絲喘息，但……休息？簡直是天方夜譚。

你也可能將這些不近人情、死板的高標準加諸於其他人。例如：你可能是個永遠不鬆懈的老闆，每晚都寄電子郵件給自己的屬下；或是過度強迫孩子的父母；或是見到在打扮或身材方面與自己不同的朋友，便以嚴苛標準加以批評。

你該如何分辨出於熱情的生產力和因恐懼產生的紀律？如果是良性型態，你會感覺有參與感、穩定且獲得適當的關注。你會充滿創意、想法和想像力。但若是高壓控制的型態呢？我打個比方，這種型態所產生的特殊能量就像蕁麻疹發作的十五分鐘；它帶來的刺激讓你不舒服，但你還能忍受。它主要帶來的是生理上的不耐，你會忍不住把桌子下的腳不停來回點踏地板，或是在塞車的時候忍不住開始磨牙。

這種感覺一直出現在我之前的生活當中。三十五歲左右（現在我五十歲）時，我決定參加長跑比賽。長跑能為我們帶來絕妙的身心挑戰，但對我而言，快速奔跑也結合了焦慮的過剩精力，以及想要證明自己的控制欲。

因為我心頭充滿恐懼，所以我從來沒有真正空出時間來跑步。我從原本已經繁忙的生活之中偷閒偶一為之，原本的工作、進修和人際互動依舊照常進行。

單憑意志力就能達成既定的嚴格計畫與目標，這感覺實在令人陶醉。我真能自己完成一些事情，真是太完美了。

當我第一次完成馬拉松賽時，感覺很好。我的自我意識高漲，我感到非常戰慄、充滿感激，其他人對我的讚譽源源不絕地湧入。由於我深信自己有此能耐，所以又報名參加了第二次，之後更挑戰四十五公里的距離，還有幾次上百公里的競走或跑步比賽。

我告訴自己，這些比賽很有趣，還能讓我保持健康。但到後來，這些比賽成了一種懲罰——因為我完全不理會身體所傳達的訊息：我的身體在告訴我，這已經太超過了。我全靠腎上腺素硬撐著跑，身體和精神都已枯竭，只因為我的過度控制欲受到恐懼驅使，不斷擔心自己不夠好，而且永不滿足。

在一場一百公里的賽跑中，我在跑完七十二公里後徹底倒下：我在六十公里左右受了傷，之後便脫水且感到疼痛。

當時是凌晨兩點，地點位於澳洲的荒郊野外，四下又冷又暗。

這是一場四人比賽，就在我的身體逐漸不支放棄的同時，心裡卻暴怒起來，因為我氣自己沒有成功，而我的隊友卻能達到目標，因而顯得比我更優秀，我同時也覺得羞恥。

就在我補充了一些電解質和鹽水以後，我震驚了：恐懼激發的需求要我證明自己，卻使我對自己所愛的隊友產生了極大的怨恨。看著腫起的水泡，「不夠好」的恐懼卻更令我膽寒，水泡根本無足輕重。

當大家都像我這樣過度使用控制和紀律時，它們便使我們淪為行屍走肉，毫無靈活性和想像力可言。

你可以問自己一個很好的問題：在控制中，恐懼的作用是什麼？恐懼會把我的精力導向何方？

溫暖的能量讓我們超越人生關卡

在那場澳大利亞賽跑後的幾年，我進行了一次不間斷的單獨徒步旅行，一連登上肯亞山（Mount Kenya）和乞力馬扎羅山（Mount Kilimanjaro），總共爬了一萬公里。從澳洲寒冷的那夜學到的教訓，已經深深烙印在我心裡。我之前參加耐力賽也都有進行訓練、計畫和準備，但是這次完全不同。

我一開始就決定要真正體驗周遭世界，好好欣賞那些鋸齒狀的山脊和寬闊的梯田，還有滿是仙人掌的山谷和開滿杜鵑花的森林。我想聽聽山林的聲音，汲取山林之氣。我仍然想一次攀上兩座山的頂點，但是這次我對旅途的風景有了興趣。我還想與身邊的人共度這些時光：他們是我聘請的導遊金斯頓、擔任廚師的導遊兄弟「酋長」，還有我在乞力馬扎羅山上的紮營夥伴們。

我在暴風雪中登上肯亞山頂，我的腿和背感到灼熱，雙膝癱軟，眼睛刺痛得幾乎睜不開。但是，這次我充滿了歡笑、喜悅與開闊的胸襟，而且神采奕奕。

我在山頂拍了一張照片，上面是金斯頓和我在漩渦般的雪花中做出戰士三式（Warrior III）瑜伽姿勢，直至今日，看到這張神奇的照片，仍然讓我心情雀躍。

而登上乞力馬扎羅山頂的最後一段路可說相當熱鬧。我看到一些人很想證明自己的能耐：他們臉上原本掛著的微笑，卻在遇到每一個障礙時變得扭曲；或是任由破曉前零下十五度的低溫以緊迫感冰封住自己。但是也有其他人秉持熱心合作的精神，幫助陌生人和朋友一同上山；或是幫其他人們重新戴上冰凍的手套，而不是擔心自己在山頂標誌處的自拍照美不美。

交換微笑和溫暖的言語似乎消除了人們的疑心，並帶來額外的驅動力。在距離山頂不到五百公尺的地方，我看到一個女人放棄了自己攻頂的機會，走回去與夥伴一起下山，因為她的夥伴已經嚴重嘔吐，必須待在較低海拔處。

你可以說，登頂的每個人都很良好執行了他們的計畫，但那也是因為他們對勝利的定義使然。

什麼事情改變了我？畢竟我在一百公里和馬拉松比賽中也看到人性的慷慨和大方，但，那時的我徹底迷失在自己充滿畏懼的想法中，以至於看不到或感覺不到人與人之間充滿活力的能量——正是這種能量，讓我們每個人幫助彼此跨過人生關卡。

心理健康

「恐懼是通往黑暗面的道路。」

——尤達（Yoda），《星際大戰首部曲：威脅潛伏》（*The Phantom Menace*）

心理健康並不是一種既定事實，因此能夠討論並洗刷污名令我感到振奮。不過，我們仍然常常將其視為一種個體的、發生在每個人內部的現象，所以我們需要從人及文化與環境的角度，來思考這件事。

著名的例外是哈佛商學院教授艾美．艾德蒙森（Amy Edmondson），她也是《心理安全感的力量：別讓沉默扼殺了你和團隊的未來》（*The Fearless Organization*）一書的作者。

她與我們分享了所有工作場所中的心理安全概念。這些概念說明，如果人們能在工作場所展現冒險精神或脆弱的一面時感到安全，那麼他們將會拿出最佳的表現。我認為這個想法可以使我們走出去，真正改變在各種環境中的處事方式。

問題是，如果你將心理健康視為個人問題，那麼解決方案也只能是個人的，也就是協助個案獲得幫助並使之康復。這雖然也很重要，但我們確實生活在一個恐懼和焦慮不斷循環的環境中，這種環境長期削弱個人和集體社會的心理健康。這又該如何解決呢？

這時，我們應該將情緒的健康視為一個連續體，每個人都會隨之上下波動。造成這種情況的原因很多，但我想在此探討兩個原因：你所在的環境，及人際關係的品質和特徵。

恐懼若在你所處的環境或是生活中，被蓄意用做逼你就範、拿出表現的工具，使你動彈不得，那麼你想要恢復心理健康的代價將會非常巨大。請不要再增加或容忍更多恐懼，不要讓自己戰戰兢兢只求完美，甚至征服其他人。這一切都會使你筋疲力盡，使你遠離真正的最佳狀態，並耗損你的健康。

話雖如此，我還是對人們表現出的應變能力——無論是應對逆境時的脆弱還是勇氣——感到無比敬畏。因為面對逆境時，你通常只會選擇下列其中之一。

第一是無堅不摧，這種方式的重點是封閉自己，忽略、迴避且內化恐懼。即使你已經徹底崩潰，你還是要假裝下去，你覺得自己活得像個騙子。這也代表你必須獨自應對逆境，不僅會與他人失去連結，也會與自己失去連結。

還有第二種方法：保持韌性。這種方法可以是自由做自己，誠實表達自己的脆弱，並藉此表達且擺脫恐懼和焦慮的影響。這種方法的最後一部分是能夠撐過、克服所有痛苦。

接納真實的自我

演員和行動家賈米拉・賈米爾（Jameela Jamil）就是一個鼓舞人心的例子，她在公開場合對自己的身分和信仰展現了脆弱的一面。她也分享自己的心理健康細節，特別是受創傷後壓力症候群所苦而產生的自殺念頭。她在推特的推文最後提到：「如果你需要協助，就開口求助，因為事情真的會有所改變。我保證。」

她不忌諱公開談論對自己與身體形象的掙扎，並發起了「我就是重」（I Weigh）的正向運動，同時也激勵他人。同時，她最近出櫃並表示自己是酷兒，她寫道：「演員公開承認自己的性向是很恐怖的，特別當你是個三十多歲的棕皮膚女性，更是如此。」

如果你能完全當自己，就不必遮遮掩掩，還能更加充實和充滿自覺地進入這個世界。即使你帶著怪異、扭曲和尷尬等脆弱性（所有人都有這些缺陷！）過生活，還是比把這些特質全部鎖起來好。

公眾人物搞砸事情、必須公開面對，這種事我已經見過很多次。在恐懼文化濃厚的地方，人們通常會感到需要偽裝自己，因而承受太多不必要的痛苦。

人們並不都希望分享自己的真實感受，這並不奇怪。在現代西方文化中，大眾對於失敗可以接受的回應是懺悔、充滿歉意和堅毅，無視你實際的感覺。這就是大眾在面對澳洲奧運游泳隊以及涉及破壞比賽醜聞的澳洲板球選手電視道歉新聞時，所期待的事情。

我們都認為自己應該隨時做好準備，把失敗拋開，繼續前進。偽裝自己、收編情緒，比誠實對待自己的感覺和承受被批評的風險來得更理想。在短暫的「自我沉溺」之後，你便不能再脆弱、痛苦和焦慮下去，而要保持樂觀的勇氣，積極且謙卑。

但是，粉飾一個人與生俱來的多樣情緒，或是將其清理得太快，可能會導致心理緊繃。人生並不完全都是幸福滿足的，也不是一直要求正面積極就會變得快樂。

如果將這些負面情緒全部隱藏在陽光與積極的一面之下，你如何與這些情緒直球對決？你如何在全心投入生活、工作和演出的同時，還要提醒自己只能表現出光鮮亮麗的一面？如果你刻意無視一切，又有誰能為你提供幫助？

從心理學的角度來看，流放和隱藏在我們體內的任何事物，都可能變得充滿敵意，最終變得危險。如果你壓抑憤怒，不讓任何人看見，就無法直面憤怒並加以處理。恐懼就是如此運作的。

由外向內

當你知道不必全部獨自承擔、必須從外向內處理，表示你更有能力辨認出多種形式的恐懼。然後，當恐懼逐漸出現的時候，你就能先去干擾中斷你的恐懼。如果你根本不知道發生什麼事，自然也無法注意到恐懼出現的時機，更不可能去干預。

恐懼會變化成各種樣貌。可能是因為老闆非常挑剔，讓你出現了過度控制的情形；可能是你過去曾發生類似情況或在人群當中感到羞恥；或甚至是發現自己正用某種方式自我傷害。在本書的後段，也就是從第三部開始，我們會討論因應之道。

在第二部中，我將說明人類為何天生就非常善於應對恐懼，我們的生物構造又是如何使我們隨時準備好應付恐懼（因此，這其實是一種二度傷害，因為你也有來自內部的恐懼）。然後，我們會一起研究這種原始的、生物性恐懼的應對方式，並開始建立真正的少懼心態。

1 編注：艾倫·洛斯頓的登山意外發生於二〇〇三年，在二〇〇五年出版著作《127 小時》（*Between A Rock and A Hard Place*）後，由英國知名導演丹尼·鮑伊（Danny Boyle）改編為電影《127 小時》（*127 Hours*）。

2 編注：二〇一九年三月十五日，紐西蘭基督城清真寺發生的槍擊案震驚國際，談話中的「三月十五日」即為槍擊案發生的日期。

3 可參閱其著作《心態致勝》（*Mindset*）。

4 原書於二〇一八年由 Two Roads 出版。

5 布芮尼·布朗（Brené Brown），知名學者、暢銷書作家，著有《脆弱的力量》（*Daring Greatly*）《做自己就好》（*Braving the Wilderness*）等多部暢銷書。「布芮尼·布朗：聆聽羞恥」（Brené Brown: Listening to shame）演講網址，二〇一二年三月十六日：http://www.ted.com/talks/brene_brown_listening_to_shame.html。

第二部

PART 2

面對及戰勝恐懼

Chapter
6 我們的頭腦如何（及為何）創造恐懼

你駕車駛入彎道時車速過快，感覺車輪開始打滑。

你接起電話然後聽見：「恐怕有個壞消息。」

你在深夜跑步，眼角瞥見灌木叢似乎有什麼動靜。

恐懼的感覺，就像一千伏特的電壓擊中你的胸膛。恐懼反應是一種自我保護機制，用意是在幫助我們維繫生命。本章會說明為什麼恐懼與生俱來，且牢牢扎入我們體內，以及恐懼如何調度我們的大腦在身體對危險或危及性命的情況做出反應。

問題是，當你處於前面描述的任何一種恐懼環境中，就算情況不太可能危及性命，你也還是會隨時做出反應。

這種原始的、動物性的恐懼，就像是一條簡訊，寫著「危險！準備回應！」因此，就在感覺到灌木叢沙沙作響後的極短時間內，你馬上就避開了。

接下來，你的「大腦思維」開始分析情況。那沙沙聲可能來自於老鼠，也可能來自於搶匪，你可能會突然感到極度焦慮，腎上腺素迅速流過腿部，或者湧上一陣強烈的恐慌。「瞬間」式的恐懼已經盤據你全付心思。你唯一關心的就是如何避開或處理恐懼的來源。

關鍵是，我們的恐懼反應非常活躍，時時刻刻都蓄勢待發。因此，你不僅生活在充滿恐懼的環境中，甚至隨時準備好要進入恐懼狀態。

你**能**做的是在恐懼反應出現，或恐懼反應對你毫無幫助時，學會快速安撫自己的情緒；這是我們將在第七章討論的內容。但在學習特定技巧之前，先了解一下恐懼如何影響你的身體和大腦，也會很有幫助。如果你可以清楚判別恐懼感（無論是心理還是生理上的恐懼感），並且理解恐懼的過程不但正常而且皆在預料之內，那麼你就會開始感覺自己有辦法掌握恐懼。

對於恐懼的準備狀態

我們的大腦複雜得難以想像，而且有所謂「演化設計缺陷」。大腦處理負面情緒——特別是恐懼——的速度非常快，處理其他類型的資訊則較慢。因此，大腦很容易進入痛苦狀態，而且特別擅長切換成恐懼模式。

雖然人類的祖先已經存在了兩百萬年，但演化生物學家指出，直到距今大約十萬年前，現代人類才真的開始演化。大約在五萬年前，大腦的一部分發生了突變並演化出有意識的進行推理、計畫、進行創新、運用想像力、具有同理心、發展道德和使用語言的能力。這種「新迴路」可以讓人思考並決定自己的生活方式。實際上，也就是這個部位使你決定閱讀本書。

你的「舊大腦迴路」（這個部分是我們與古代人、其他哺乳動物和爬蟲類動物都有）則保持不變。在人類演化過程中，舊版本沒有得到完整升級，仍與新版本一起運作。

對於如何應對環境，新舊兩種迴路之間始終存在著嚴重矛盾。

舊迴路的功能幾乎都與生存有關，包括杏仁核這個恐懼中心；它是經過一百萬年天擇考驗所留下的神經網絡。所有事情幾乎都由這部分主導，本能、無意識的情緒與衝動行為，以及原始的生存焦慮，都是在我們無意識或未知時即被置入漫長的演化階段及近代人類的身體記憶和經驗中。現在，科學家認為，人們對周遭世界的所有反應，潛意識的大腦反應占了很大一部分。實際上，你的思考更有可能是出於本能。

我們在出生前，甚至就已經完全具備分辨能力，例如哪些是想要的好東西或哪些是危險的壞東西。大腦處理恐懼的速度幾乎比其他功能還快。恐懼，對我們個人及所有人都是很重要的事。

潛意識也是由我們生命早期發生的事情所形成，尤其是還不具備語言、推理以及理解概念的能力之前。實際上，這些能力在生命最初幾十年還不會得到充分發展，因此，父母和照顧者對我們的大腦發育及世界觀影響非常巨大。特別是還在最脆弱的嬰兒時期，那時最需要依賴他們，他們的溝通方式與對你需求的回應能力會影響一切。你從他們的非言語溝通與行為，就可以確定自己是否安全、受到保護以及得到照顧。然後，你會將這些資訊直接傳送到你的潛意識裡儲存，並一路使用至今。

相反的，用來規範杏仁核的新網絡，則可以讓你從各種雜項中以合理的方式採取行動，而且直到二十多歲時才停止發展。在人生初期，高適應性和高可塑性的大腦，對於你感受到的恐懼、是否可以控制自己的情緒，及感覺到的自我價值等等，都無能為力。這就是為什麼青少年看起來大膽而魯莽，因為他們還沒有完全開發出「大腦剎車」系統。

即使到了現在，杏仁核仍與人類的生存本能息息相關，依舊試著讓你在環境裡能存活下來並找到具有遺傳優勢的伴侶。對杏仁核而言，你身處的當代世界，和遠古祖先飽受掠食動物及敵人致命威脅的那個世界沒有兩樣。因此，不管你是在車陣中被人按喇叭、還是有人拿刀架住你的脖子，杏仁核都會視為「情況急速走下坡、你可能無法活著脫困」來進行緊急反應。它並沒有太好的識別力。

同時，較新的迴路則試圖在扞格的各種事項中找出細節，發展自己的性格與合宜的社交行為，並理解人生的意義。大腦這個部分的功能還有非常多，例如找出治癒癌症的方法、創作令人嘆為觀止的藝術和音樂，以及催生人工智慧。

大腦新舊迴路的並存與衝突

所以，你現在就看到緊張的壓力了。

大腦中有一種系統完全著重在收斂，而且已經演化出懂得避免風險並保持警惕的能力。另一種系統則負責擴展、創新，並利用創意來產生想法。

這兩個系統合作得並不輕鬆，因此，通常它們隨時會在某一天——或者更準確地說，某一秒——為了掌管全局而發起一場我們看不見的爭執。即使你不太可能明白這種持續拉扯的成因，它還是為你帶來了痛苦。

例如你的伴侶要出差三天，雖然你對伴侶百分之百信任，也知道他們去的地方是安全的，但你還是感到非常焦慮——即使你無法明白自己的痛苦所為何來。

或是，你平時是個有信心的人，但是當特定人物出現在身邊或在某些特定情況下，你卻會很不理性的轉成防禦狀態，而且感到不舒服。

在這兩種情況下，內心深處潛意識中的舊恐懼正令你驚惶不安。為了搞清楚事情的來龍去脈，你很容易將感受歸咎於某些錯誤原因。

例如，你可能會尋找證據證明你的伴侶出差時迷路，或擔心他們的交通方式，但在無意識的恐懼中，你其實是擔心自己被伴侶拋下。

這兩個系統不僅目標相反，而且還具有不同的語言；更重要的是，它們以不同的速度運作。你的舊迴路擁有潛在優勢，因為它可以非常快速地運作，你不必停下來思考——實際上，你根本無法「思考」或推理這個系統。

這就是它的運作方式。讓我們回到跑步時聽到沙沙聲的例子。在你連想都不敢想「那到底是什麼？」之前，你就先跳開了。你的反應來自所謂的軀體（somatic）或身體記憶，這是潛意識的一部分。灌木叢的沙沙聲觸發杏仁核後便立即向你的神經系統發出信號，準備「戰鬥或逃跑」反應。

半秒鐘後，你的想法開始介入；它花的時間比較長，因為產生想法的過程複雜得多，花費的時間自然更長。你的大腦皮層會透過各種形式的知識和理解（包括記憶庫、身體、過去的經驗和情緒）來掃描事件的意義，就像用 Siri 瀏覽 Google 一樣，但速度更快。

你可能會覺得自己好像活在當下，而且在大多數情況下，你可能還會覺得是自己的意識在上演整齣戲。但是，這兩個大腦迴路產生的結果及速度不同，說明了你有意識的思想落後於杏仁核大腦及其與你龐大而神祕的無意識思想間的種種聯繫。當然，你不會注意到兩者的落差，但是你的現實並不完全是你的現實。這很難理解，我知道。

這就是為什麼只憑邏輯（例如，告訴自己沒有理由害怕）並不一定會消除你的恐懼。恐懼來自比邏輯思維更深層的地方，來自於潛意識。它的面貌甚至不是單純的害怕：它可能以各種焦慮和負面情緒出現。

生理的恐懼反應

那麼，當你感覺灌木叢有動靜時，會發生什麼事呢？當恐懼反應被啟動時，它就會在你整個身體和大腦開始大量化學反應。無論對身體還是對神經來說，它都是紅色警報。

首先，它打斷你的身體和大腦之間通常穩定的信息傳遞，即所謂的「正常情況」。你的中樞神經系統透過迷走神經（vagus nerve）向心臟傳遞資訊，告訴它準備採取行動。

你的身體充滿腎上腺素，心臟開始更劇烈地跳動，可能會使你呼吸困難甚至換氣過度（如果刺激的時間夠長）。它會將血液轉移到用於奔跑或面對挑戰所需的主要肌肉群，並從較不需要的那些器官和四肢轉移出去。這就是你的大腿、肩膀、脖子和背部會感到緊張的原因，有時甚至還會手腳冰冷。但，同時，你的手掌也會開始冒汗、散熱，因為在進行任何緊急動作（即「戰鬥或逃跑」）時，身體已經做好準備以防過熱。

你的腿和手可能開始發抖，而且你可能會因為體內氧氣與二氧化碳交換產生的變化而感到頭暈。但即使你感到暈眩，也不太可能因為血壓升高而真的昏倒。

當你的心臟將血液從消化系統帶走時，你可能會感到噁心、想吐，或肚子不斷發出聲響。心臟也會將血液從膀胱帶走。這也解釋了為什麼我們總是在大型比賽開始前，會看到運動員們多次從更衣室前往洗手間。

從大腦到身體間傳遞的訊息，持續表明沒有時間讓你停下來進食，所以你會感覺口乾舌燥。你的肝臟會拋下原本在做的工作，開始將肝糖轉化為葡萄糖以填補肌肉所需。

你的視線改變了；你的瞳孔會擴大以容許更多光線進入，讓你能將眼前備感挑戰的人事物看得更清楚。你也可能會感覺視線變得窄縮或像進入隧道般的情況，因為此時你的焦點雖然清晰銳利，但也因此失去一部分的周遭視野。

為了幫助你做好準備、面對糟糕的後果，你的大腦會反覆掃描負面記憶，以獲得關於接下來可能發生情況的所有資訊。

心理與情緒的恐懼反應

恐懼以非常戲劇化的方式影響了我們的情感、思想和行為。最關鍵的是，恐懼反應會影響你處理資訊的能力。認知過程會減慢，尤其是面對複雜的決策或批判性思考之類的事。研究估計，一個人在受到威脅時，智商會下降十五分[1]。也就是說，當我們被恐懼占領時，確實會變得更愚蠢一些——這個事實十分可悲。

你會失去宏觀的視野，因為你的焦點完全縮小至兩個領域：已知的事和過往負面的記憶。恐懼使你變得更具防禦性及防備心態。你會做出淺短而非長遠的選擇，切斷各種風險來源。你會追求自己熟悉的已知事物，因此扼殺了創造力。

當你感到害怕，你更有可能退回部落模式，進而封鎖各種多元的想法或陌生的意見。同時，你也不再以社會化的方式待人處事，反而會退縮到自我中，繼續以生存模式孜孜矻矻地過活。這要歸因於神經感受，因為神經系統負責判斷你是否安全。感到害怕時，你更有可能將他人視為威脅，因為你也失去部分判斷他人臉部表情的能力，更容易造成誤解。

因此，你可以看到，充滿恐懼的狀態對你的生活自理能力，甚或是感到充實與快樂的能力，產生多少破壞性的影響。

四種出於恐懼的反應模式

綜合以上生理、心理和情緒等方面，我們可歸納出四種恐懼反應：戰鬥、逃跑、顫慄或姑息。

你可能傾向於選擇使用其中一種或同時多種應對，每個人都有自己獨特的反應模式。

1 **戰鬥**：前進。準備硬碰硬迎接挑戰，積極朝前方行進，怒氣沖沖，渾身是膽。你還可能會提高音量或以肢體擺出架式。

2 **逃跑**：撤退。你希望盡快逃脫，身體已經準備好像風一樣飛奔。

3 **顫慄**：感覺僵硬、麻木。你裝死、沉默、搞失蹤、躲躲藏藏，對周遭變化視若無睹、充耳不聞，只想盡可能從危險情況裡脫身。

4 **姑息**：屈服。你低下頭、放低目光，或是看著別處——以身體姿勢及肢體語言表現出臣服姿態；或者立即用言語來安撫對方或使情況平靜下來。

從生物學的角度來說，每當恐懼的反應被激起，大約需要十五至二十分鐘才能恢復到原本的狀態。如果恐懼源繼續存在，那麼當你不斷保持高度警覺時，腎上腺也會不斷產生壓力激素皮質醇。如果這種情況經常發生並且長期持續，你的腎上腺會疲勞，免疫系統最終就會崩潰。

一切走到最後，你終於決定，就算只是受到一點點刺激也要準備做出反應。在進入這種反應狀態前，你會失去放慢速度及進行正確評估的能力。長期恐懼會影響你的新陳代謝、記憶力、血壓和血糖水平，還可能導致心理障礙如憂鬱、焦慮、倦怠和滿意度下降。

當恐懼加劇

要識別「瞬間」的恐懼很容易，這種恐懼會自然而然地出現在高度緊張的瞬間，然後消失。瞬間恐懼的例子可能就像害怕投籃不中或演講失言一樣簡單。但是，有時恐懼也並非如此顯而易見。

在引言中，我簡短提到過這種「不夠好」的恐懼；這種恐懼很難辨識。在這種情況中，你的思想會因為對過去或未來的恐懼而被扭曲成壓力——我們通常將其稱為「焦慮」。這是出於對過去或未來所發生的事情，以及那些事情是否影響我們生存（無論是不是真正的威脅）的恐懼。

當恐懼轉型，變成這些更為慢性、吸血鬼式的消極情緒時，更可能會以許多不同的方式出現，乍看之下，似乎並不像原始的恐懼。

當你不想做或不想說某些事情，背後原因可能正是恐懼。恐懼也可能造成你寧可放棄也不願去經歷嘗試及失敗，或是導致你最後甚至無法忠於自己的心。

這可能會影響你的人際關係，或者使你過於固執、想與周圍的人保持距離。恐懼會使你對他人隱藏自己的一部分。它會扭曲成不同的面貌，例如完美主義、嫉妒、生氣、惹人厭或武斷。

但是，這類激動的行為，究竟和恐懼有何關係？

如果你將恐懼視為根本的情緒，那麼焦慮類型的情感和行為便會源源不斷地變種、擴散，這些都會使你的生活變得無趣，而且吸光你的精力。

以下就是恐懼扭曲後，常見的一些變形樣貌：

- 當你感覺自己嫉妒他人時，追根究柢，你會發現自己害怕不夠討人喜歡。
- 當你沉迷於完美主義，追根究柢，你會發現自己是害怕失敗。
- 當你想評判別人或感覺自己被評判時，追根究柢，你會發現自己是害怕能力不足。
- 當你感覺想與他人保持距離，追根究柢，你會發現自己是害怕被拒絕。

正如我已經解釋過的，在那團扭曲的根源底部，是巨大的、壓倒性的、終極的人性恐懼：怕自己不夠好，因此被拋棄。因為，身為一個人，這常是我們最恐懼的事情。

正是由於擔心自己不夠好，才使你遭受如此多的痛苦，也阻礙了自己的成就。這些晦澀的恐懼才是你生命中真正的恐怖分子。因此，本書最長的篇幅（第三部至第四部）會提供解決這些問題的方法。

領導恐懼

無論是**瞬間**恐懼還是**不夠好**的恐懼，這兩種狀況都可能會定期出現，而且不容易自行消失。

事實是，在大多數情況下，你無法控制來自恐懼的刺激。你仍然要面對一千五百公尺高的巨浪，要進行駕駛考試，或者在最要好朋友的婚禮上站起來發表演說。而且，自我批評的想法仍會每隔五分鐘就冒出來，或者害怕受到傷害。再多的希望，也改變不了恐懼湧現的事實。

答案是，你需要刻意改變自己面對恐懼時的反應。要做到這點，你可以改變行為、體能與精神的專注力，以及最重要的——告訴自己，你做得到。

身而為人，這種刻意改變是我們所能做的其中一部分：適應環境。從長期的演化角度來看，所有生物都要能適應周遭的壓力，否則最終也無法生存。對人類而言，不同之處在於我們可以積極投入改變。我們不需要被動地等待改變，我們可以決定變得與眾不同、更好、更聰明。

幸運的是，這表示你面對大多數日常的內心動盪時，不必再感到無助消極。而且，你也不必成為自己所身處的那種製造恐懼的環境中的受害者，更不必成為生活中引發恐懼關係的受害者。

你擁有難以置信的優勢，透過各種不同的方式，都能重新訓練大腦。你可以藉由選擇、採取不同的行動，把精力集中在不同的地方，來做到這一點。你能主動決定自己如何調適，而不是被動地讓情況發生。

要處理**瞬間**恐懼，那些在關鍵時刻出現的恐懼，我們就需要幫助自己保持鎮定和沉著的技巧。這就是第七章的內容：當恐懼出現時，所有的因應技巧。

而面對**不夠好**的恐懼時，你一定得更深入，這是第八章以後的主題。你無法將其壓制隱瞞，這些恐懼還是會彈起擴散。

正面思考也無法減少恐懼，更無法以任何技巧解決恐懼。

如果你真的希望阻止恐懼主宰你的生活，就必須先誠實地看一下自己在擔心什麼，明白恐懼如何出現在你的生活中，然後再嘗試解決。你必須探究身處的環境中有哪些原因引發恐懼，然後仔細查看心裡的變化。你必須探究將恐懼連根拔起，好好看看是哪些事物必須要處理：你要看清恐懼，面對恐懼，才能讓新的感覺取代恐懼。

而且，如果處理了「不夠好」的恐懼，你還會發現自己也變得更善於處理「瞬間」恐懼。因為當你明白自己不會被拋棄、被拒絕或被批判，也不會得到較少的愛及關注——你便能承受更多壓力。例如，你更能在大庭廣眾面前演講，不再感到焦慮（前提是你已經準備好了講題內容）。

減少內心的恐懼並不是水到渠成這麼簡單，但你可以使用「看清、面對並取代」的方法發展自己。就像你想改變自己的其他任何部分一樣，你必須付出一些努力，而且持之以恆，做出改變。而你現在的大腦已經有能力反省、思考、想像，而且用更多的愛、更少的恐懼來看待事情。

去做吧！你的投資報酬會很高——你會過得更輕鬆，少吃點苦，還能擁有豐裕富足的心態與思維。

Chapter 7

擊敗「瞬間」恐懼

當恐懼在要命時刻降臨，你可能會感覺自己完全無能為力。這是很自然的。因為當腎上腺素開始流貫全身，你會覺得自己快要失控或亂了套。你可能會開始四處尋找緊急出口準備逃跑，或者感覺自己的心臟在胸口跳得厲害，覺得自己快要死於恐慌。

在本章中，我將介紹各種不同應對恐懼的技術。你可以使用這些技術為「瞬間」恐懼做好準備，一旦這種恐懼出現，這些技術能助你一臂之力。請記住：恐懼只是警告信號，一種你無需關注的感覺或能量，特別是在沒有真正的致命危險的情況下；無論這些恐懼的來臨是預期之中或是預料之外，你都可以掌控。

在本章結束時，你會看到各種各樣的恐懼控制技巧，讓你選擇。

如何面對恐懼

恐懼會讓你手忙腳亂，這是無可避免的。你的下一步──你的想法和回應──則能改變一切。

每當談到能夠處理「瞬間」恐懼的最佳人選，我都會想起自己最欽佩的人物之一，李伊．史賓賽。我在前面提過，他曾兩度划船橫渡超過六千公里的大西洋，不斷讓自己置身於威脅生命的恐懼環境，而且支撐的時間幾乎可說超出人類所能及。下面是他敘述自己第二次橫渡大西洋（當時他是獨自進行）時，所遇到最艱難的時光：

> 巨大的海浪撞上了船，把船尾往上掀，感覺隨時要滅頂。以船的長度（約六公尺七十公分）做為參考標準，我估計浪頭幾乎高達十五公尺。最高的三公尺碎浪落下時，感覺就像是一堵堅固的水牆，那時，我心想，完了，我的人生將在此刻終結。能從這樣的情況脫身，我實在非常幸運。

請設身處地想想自己，在暴風雨中，像李伊一樣，獨自身處巨大的海洋裡。他如此描述這種感覺：

恐懼會滲入你身體和思想的每個部分。每一個想法、每一種情緒都充滿恐懼，就像海綿不斷吸水，直到飽和為止。

時間變慢了。我開始考慮下一步的計畫。如果船翻了，該怎麼辦？將近一噸重的船壓在我身上，該怎麼處理？我的身體跟船體綁在一起，我開始思考怎麼拿出小刀，這樣一來，如果真的翻船我還可以脫身。我想到救生衣上的另一把小刀。然後，我又開始想：這是最後方案。千萬不要太快切斷，因為一旦與船體分離，必死無疑。我獨自一人在汪洋的暴風雨中，已經無路可退。

這一切的想法都是在轉瞬之間竄過我的腦海，然後浪頭忽然碎裂，小船就這樣順著滑了下來。我的右槳卡在船身中，我死命讓它回到原位，以免船駛向海浪，因為那樣我就會被捲進海浪造成翻船。我一定要能操縱船槳。

我做到了。但是當我的注意力集中在右槳上時，左槳也陷了進去，而且把我往回推。當我好不容易從浪頭下來時，海浪卻還沒放過我，我仍在洶湧的大海中。波浪是深谷，是巨大的懸崖，而且濤濤不絕，但讓你真正陷入麻煩的是那些打在你身上而且碎裂開來的浪。

李伊第一次划船橫渡大西洋時，是與其他三個身障退伍軍人一同駕駛四人帆船。但，獨自一人實在困難多了，因為這留下了一條恐懼可以蔓延的縫隙。「獨自一人面對恐懼，和旁邊有其他夥伴共同去面對的恐懼，絕對是兩回事。」他說。

這代表他必須更有創意，才能找到解決恐懼的方法。

我不得不想出一種新的應對策略。我開始一點一點慢慢累積士氣。當我在音樂播放清單聽到自己很喜歡的歌曲，或者聽到有聲書的精彩段落時，都會標記起來。當我在分配口糧時，如果是我最喜歡的食物、水果，我也會先收起來。然後，當我遇到震驚的事情，就會用這些事物來分散我的注意力。

李伊表示，孤獨也使旅途更加艱難。

離結束大約還有兩週時間，我計畫接上一條貫穿南美海岸的南北向特殊洋流，這樣才能推動我往終點前進。所以，正確執行這個計畫非常重要。

這個計算結果是根據我每天划船六十五至八十公里所得出。但就在那時，我撞牆了。無論心理或生理，我已經筋疲力竭，但是又不得不繼續划，否則就會錯過洋流而偏離終點。絕不能減速。

所以，我接下來的每輪划槳，都不停為自己進行心理體操，才能驅離恐懼感。我漸漸感覺疲憊困乏——先是生理，然後是心理，接著連情緒也支撐不下去了。我再也感覺不到自己為什麼要做這件事了。我在想，「這有什麼意義？」後來，我靈機一動，打電話和史考特．米爾斯（Scott Mills）少校聊天——他是我的朋友兼同事。他開始告訴我多麼為我感到驕傲，有多麼支持我。我大哭起來，但這哭來得正是時候。我需要這樣抒發情緒。

如我們所知，李伊最後以三十六天的差距，打破了肢體健全者先前所創的單人划船橫越大西洋的世界紀錄。

準備好面對任何狀況

與李伊一樣，你的任務是制定計畫並認真執行，不讓恐懼有任何時空趁隙而入。現在你沒有時間再隨心所欲，動不動就改變主意或三心二意，做出那些「可能會也可能不會」的選擇。

菁英運動員管理恐懼和焦慮的通行辦法，與他們從事的任何其他計畫一樣：計畫你該做的事情，然後沒命似的不斷勤練，直到變成自己的第二天性為止。

當然，你無法百分之百預測到恐懼何時會突然闖入，有時只能隨機應變。恐懼闖入的時機可能是深夜，你無意間拐進一堆穿著連帽衫嘲諷著你的陌生人群，他們的臉都被連帽衫擋住，你甚至看不清他們的容貌。或是你身處酒吧，感覺麻煩隨時就要引爆；也有可能你坐在乘客屈指可數的火車車廂內，有個人一直盯著你瞧。

你處理這些情況的方式，與一名足球選手踢十二碼罰球沒有太大不同。選手知道自己隨時都可能上去踢十二碼罰球，但他們無法確知那是什麼時候。你甚至可以說，與其面對長期累積的困境，還不如突然捲入某種情況。

但好消息是，你越頻繁練習以下所示的恐懼管理技巧，就越有可能思考你的選項並採取行動，而不是讓恐懼接管。你會有餘裕搞清楚火車上的陌生人到底是否足以形成威脅，或是想起你的駕駛考試主考官並不是在挑你毛病，而是在做自己的工作。又或是提醒自己，你已經記住了演講的字字句句。

無論這些驚嚇是憑空而來或是預期之中，如果你能定時練習這些技巧，當事情發生的時候，你會知道如何處理。

三種壓力策略

當你在緊要關頭面臨壓力時，可以採用三種主要方法來應付恐懼：處理（進行某些例行程序使恐懼得到控制）、分散注意力，或合理化（使用邏輯克服恐懼）。

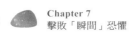

這些方法你可以都試試看，然後找出最適合自己的方法。我知道運動選手在自己的個人工具包中會使用兩種、三種或甚至更多方法，例如，有些人會一面規律地調整呼吸，一面告訴自己合理化地來處理恐懼。也有些人相反，在合理化地以邏輯克服恐懼時，同時又分散自己的注意力。

當你找到適合自己的方法後，會感到很欣慰的：自己終於有辦法控制自己的思想。

◆一、處理

一旦恐懼現身，你可以立即開始以正面積極的例行做法驅逐恐懼，恢復一定的控制能力。準備踢十二碼罰球的球員可能會感覺到自己的胃在緊縮，恐懼不斷衝擊。但是他們還是把球放在罰球點上，繼續執行工作。在恐懼中猶疑、讓恐懼有時間迎頭趕上，對事情毫無幫助。相反的，恐懼必須立刻被「擊倒」，放回原處。

你可能需要經歷許多過程，包括讓呼吸恢復規律、發揮想像力、肯定自己或進行放鬆。無論選擇哪種規律，請立即執行。重點是立即行動，不要浪費時間，去做就對了。因為，拖延只會讓恐懼蔓延。

如有疑問，請從調整呼吸開始。人在感到害怕時容易淺而快速地呼吸，將空氣困在喉嚨和胸部、會使緊張的肌肉無法獲得所需的氧氣並收緊每根筋。所以，請先控制呼吸來對抗恐懼。

你可能會認為變換呼吸方式過於簡易，根本改變不了什麼。但，實際上，呼吸正是專注當下的頭號盟友。恐懼不喜歡多巴胺，也不喜歡冷靜、深沉的呼吸。當你保持穩定的呼吸和身體意識時，就很難被拖入恐懼最愛的精神混亂狀態。

你可以定時擺動身體，引導自己放鬆，例如以下流程：告訴自己，「放下肩膀，抬起頭，深吸一口氣，舒展後背和前胸，整隻腳掌貼地，鬆開下巴，讓舌頭不再頂著上顎，然後放鬆大腿、背部、肩膀、脖子的肌肉。」

當你積極釋放緊張情緒時，恐懼就很難攫住你，就像你握緊自己的拳頭時便無法張開手握住別人的手一樣。如果你將注意力放在想要的地方，甚至能以對自己有利的方式反過來使用恐懼的能量，而不是讓自己陷入負面、恐懼和懷疑的陷阱中。

詞語也具有強大的力量。正確的肯定句會增強你的信心，讓你正向積極，改變眼下情況及氣氛，使恐懼看起來沒那麼重要。

不管你選擇什麼詞語，都必須聽起來真實可行才有用。你可以任意改編下面這些例句：「我們已經做過一萬次了，朋友，你夠熟練了，現在不過是再做一次而已」「冷靜頭腦，放鬆臉頰，動作輕鬆」「我會繼續堅持而且保持正向」「我已經在這種情況下成功很多次了」「沒有什麼事情會讓我不如旁人。」

或者，在你的腦海中，可能會對恐懼說話：「我認得你。我能感覺到你在我肚子裡翻來覆去。鎮靜。我們還有時間。深呼吸。包在我身上。我們沒事的。」

這種舒緩的情緒可以阻止恐懼傳遞出如「你還沒有準備好」這類訊息。這些自我喊話能超越你心中受到恐懼驅使的、侵入性的胡思亂想。

我特別喜歡的一句口頭禪是「感謝有這個機會」，因為這個想法能迅速將你從風險和恐懼等狀態，轉移到更多的可能和抱負上。如果你花時間想想自己有多幸運，能夠在足球場上奮戰、面對整場聽眾發表談話，或參加某項測試——克服恐懼會更加容易。

有些人則認為他們能透過放下對事物的控制欲去超越恐懼，例如，把一切的結果交給命運、上帝或宇宙。通常他們會做的是祈禱、摩擦一枚帶來好運的硬幣，或撫摸一條特別的項鍊。如果這對你有用的話，也可以持續進行。

◆二、分散注意力

如果我們能夠不去掛念那些讓人感到恐懼的事，通常會表現得比較好。你可以像李伊一樣，刻意選擇將注意力從恐懼移開。他獨自一人在海洋時，用水果罐頭、事先存好的最愛歌曲或書籍段落撐過難關，這是他應付艱困的創意解決方案。

當你無法將恐懼合理化，分散注意力會很有用，因為你可以很快擺脫情緒。分散注意力的方法可能是播放音樂、與最親近的人聊些無關的話題，或觀賞喜愛的節目。

運動員上場比賽前，我們也常會在更衣室看到這類情況：有些人戴著耳機，沉浸在自己的世界中；其他人則彼此鬧著玩、開玩笑，聊著他們昨晚在 YouTube 上看了什麼。

有時在緊張的關鍵時刻來臨前，我們也會看到承擔大任的選手與其隊友彼此簡短交談、互逗對方發笑。或者在進行駕駛考試時，你的父親對你眨了眨眼、會心一笑，那一瞬間你的注意力雖然分散了，卻也多了一絲放心。

分散注意力的做法，缺點是效果很短暫。但當你不得不長時間忍受恐懼時，這個做法可以輔以其他策略同時進行。你會注意到，李伊．史賓賽也綜合多種策略，既分散注意力也獎勵自己，同時合理化又與他人保持聯繫。

◆三、合理化

在關鍵時刻，你還可以用邏輯解決恐懼。

例如，搭飛機時遇到強烈亂流，氧氣面罩從座位上方落下來，你可能會開始想，「我們快要墜機了！」使用理性思維，你就能與恐懼保持距離。請開始以邏輯的態度去思考事情吧。當你周圍的人驚慌失措，你還是可以專心去想那些有證據的事實：飛機墜毀的可能性非常低，安全著陸的可能性非常高。

提到運用邏輯和思維克服恐懼，來自紐西蘭的威廉．楚布里奇（William Trubridge）或許是最傑出的代表人物之一。

威廉曾獲得自由潛水的世界冠軍，還保有十八項世界紀錄。自由潛水者必須在吸一口氣後直接潛入水中，持續降到生理和心理所能忍受最深、最暗的深度，然後反轉身體再經歷危險的上升過程回到水面。

二〇一六年七月，威廉潛入了世界上最深的海底洞穴——巴哈馬的迪恩藍洞（Dean's Blue Hole）。在四分十四秒的潛水過程中，他只用胳膊和雙腿將自己推進到水深一百零二公尺的地方。

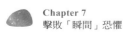

他在二〇一四年曾經失敗過，所以這次的成功絕非手到擒來[2]。

> 上升到一半的時候，我開始感覺有點昏沉，呼吸和缺氧的躁動不斷湧現，我開始懷疑這次是否又要失敗。然後我開始想著讓自己保持放鬆和專注，幸好昏沉的感覺沒有繼續加重。

對於大多數人來說，光是想到潛入海底、進行一項被認為世界第二危險（僅次於低空跳傘[3]）的運動，就會引發難以形容的恐懼。

有些知名潛水者因此失去性命，但是威廉說自己不擔心這些。「自由潛水本身幾乎沒有什麼能嚇到我的事情，」他說。「我認為自由潛水的風險都在可控範圍內，我們都經過足夠的安全訓練或者是身處比賽狀態，風險非常小。」

他說自己反而更擔心開車載著家人出門的時候，就算是平常的日子也一樣，因為這種風險來自其他駕駛，你無法準備或預測。

正如我在第六章中所寫的，你的思想很容易朝恐懼和負面的方向擺盪。但是，你能像威廉一樣，選擇從「可能性」去衡量所有發生的一切，而非從風險切入。我們的注意力畢竟有限，必須善加利用。威廉對風險和安全措施的看法，極具客觀合理性：

人們常問我，如果在那麼深的水底發生意外，你該怎麼辦？如果只有你自己一人在那兒又該怎麼辦？如果出了差錯怎麼辦？我思考以後得到的結論是，我無法舉出任何完全沒有準備過的情況。雖然確實有可能發生怪異的事情。自由潛水時，海底深處的水和地面上的水是相同的。唯一的變數就是你自己，你完全可以控制。你可以針對知道的各種風險進行準備。人們常說我在做的事情是想找死或想學神風特攻隊，但我偏偏真的不是。

重新解構恐懼

如果確實發生了糟糕的事，保持邏輯可以讓你有意識的覺察並制定策略。例如，當你接到電話通知親人受傷，這時很容易栽進災難性思維，在心中上演最壞的情況。但你或許可以擬定一連串行動計畫：你能去醫院嗎？最好的方法是什麼？如果你完全使不上力，誰能過去那裡？你應該打電話給誰？

解決「瞬間」恐懼的另一種方法，是解構後重新組織，告訴自己，這實際上只是你身體準備和參與的一種現象——是一件你覺得舒服的事情。你可以把胃部翻攪的感覺重新定義為興奮，而不是恐懼。

雖然這很顯然不適用於遭到搶劫或肢體衝突的時刻，但確實被用在體育賽事和公共場合演講中（雖然你起身時可能還是覺得雙膝發軟，根本不相信這有什麼用）。這就是為什麼除了調整腦海中的想法以外，重要的是讓身體表現與心理效果一致，這樣你就可以觀察、見證、確認並重新架構。

畢竟我們過去可能都有過恐懼的快感，這就是為什麼我們喜歡高空旋轉鞦韆，或從誇張的高度進行高空彈跳的原因。當你知道恐懼是可以控制的，恐懼就會過去；當你知道自己是安全的、恐懼是有界限的，恐懼就變得可以忍受——也就因為這樣，選擇去做那些事情是合理的。

當界限存在時，有些人會利用恐懼來發揮自己的優勢，或者當作應對手段的一部分。我曾與一位傑出的律師共同工作，她是明日之星，看起來能力非常強。但是實際的狀況是，每當她想到自己得進入法庭，恐懼就會籠罩她的腦海，陷入過度思考的狀態，情緒激動甚至大驚小怪，好像哪裡還沒有準備好。

當我們深入探究她在最佳表現背後的成因時，發現這種小小的危機感絕對是她經營和準備自己的一部分。她覺得自己需要經過這些階段，才能拿出最佳表現，並消除大部分的「神經質」情緒。

所以，對她有用的做法是替恐懼設置兩道邊界。第一，拒絕讓那些腦內劇場變成負面情緒，或產生自我批評進而貶低自我（「妳太笨了，所以做不到」）；第二，她必須在開庭前四十八小時停止上演腦內小劇場，否則這會把她拖垮。

因此，儘管她讓自己擁有一些恐懼感，看似不合理，與鎮定情緒背道而馳，但——界限卻能讓一切得到控制。

限制或練習恐懼

還有一些方法也同樣能「安全」地運用恐懼形式，例如恐怖電影。根據內陸挪威大學（Inland Norway University）電影電視學系研究副教授索倫．畢爾克法（Søren Birkvad）的說法，這是人們練習受驚嚇的一種方式[4]。

我們可以看到，十幾歲的男孩偶爾會把恐怖片當成一種男子氣概的測試，這種測試的目標是盡可能保持鎮定。從這個角度來看，恐怖電影就成了在安全環境中測試我們個人和集體極限的一種方式。如果電影實在太嚇人，你還可以遮住眼睛或耳朵，講些俏皮話來減輕緊張，或者轉向爆米花桶獲得舒適感。

在運動賽事的關鍵時刻，球迷們也會做類似的事情。在足球選手準備踢十二碼罰球之前，你可以看看觀眾席，有些球迷們會把手伸向自己的臉，雙眼睜大——就像愛德華．孟克（Edvard Munch）畫作《吶喊》（*The Scream*）中蒼白的表情一樣。

如果你曾經在人群中體驗過這種時刻，那麼你已經知道，就算當場有成千上萬的人，但那一刻可是連根針掉到地上都聽得見，好像是自己要上去踢一樣。你根本不會偷偷啜飲一口酒或是把一小根薯條塞進嘴裡。這不只是胃部翻滾而已，這可是貨真價實的恐懼。但你來這裡就是為了這個。你等待球員踢出那顆球，這短短幾秒宛如永恆。之後，你就會聽到大家說，「剛才我的心快跳出來了」或是「我的胃都翻攪在一起了」。

重要的是，你知道恐懼會結束。你可能不會以看電影或打電動這種方式去練習，但當你從事這些活動時，其實就等於告訴自己能夠忍受恐懼，而且恐懼終將結束。

自由潛水者威廉．楚布里奇使用的合理化技巧，其中一種叫做「恐懼是假的」，你也可以試試看。他發展出這項技巧的契機是，潛入水中時，發現自己的剋星不是由實際潛水、水中壓力或痛苦而生的恐懼，而是對失敗的恐懼。他說，在潛水比賽中的失敗通常意味著在剛浮出水面或快要浮出水面時喪失意識。但即使喪失意識，他仍有足夠氧氣向大腦供氧並且獲救。「因此，比起喪失意識的危險，自尊的受損才是真正焦慮的主因。」

他認為我們的恐懼絕大部分是出於對未來可能發生事情的預測，而不是目前正在發生的事情——何況你所擔心那些未來的事情，可能永遠不會發生。他如此描述在潛水時使用這項技巧的情形：

當我感受到焦慮前那種躁動感撲來時，我並沒有迴避，而是在當下尋找具體的來源；如果找不到具體來源，就等於進一步證實了這種緊張的狀態並不是真實的。漸漸地，我不再受這些狀態支配，而是能夠反過來控制它，並以粗略的想法將其拋去一邊：「這種緊張是假的！」

當恐懼拒絕乖乖服從於「假」的標籤時，威廉還有另一套合理化技術，稱為「另一個極端」。他沒有試圖把對於失敗和尷尬的恐懼最小化，反而將其擴大。他試著想像，如果不成功就會喪命。「如果我的生命或其他人的生命確實取決於這個結果，該怎麼辦？如果一定得成功，又該怎麼辦？與那種風險相比，害怕尷尬的感覺簡直太可笑了。」

他沒有讓自己陷入這種災難性的想法，反而表示，「我花了很長時間才了解這種猴戲一般的恐懼有多麼無趣。讓一件瑣碎的事情影響我的情緒狀態真是愚蠢。」

更多處理恐懼的方法

有很多技巧可以處理「瞬間」的恐懼，但我也將威廉那些技巧收錄在內，因為實在很管用。下面我也會介紹一些你可能希望調整並採用的方法。

1 **現在就是全部。**威廉說，他運動時就如同生活一樣，很容易陷入「萬一……該怎麼辦」的假設思考，這種思想會把你帶進不必要的腦內小劇場。你與那些想法是兩件事，很多充滿恐懼的想法只是來自你已習慣性反覆思考的無用模式。如果你能專注當下，就能把自己從那些想法抽離。威廉專注於呼吸和背誦金句而讓自己成功抽離無用的雜念。他說：「重點是，句子與詞彙具有強大的含義，所以可以很快將你帶入必要的狀態。」[5]他經常使用的其中一個是：「現在就是全部。」為了使新的習慣代替你原本被負面情緒綁架的思想，你可能得在輕鬆規律地呼吸時，複誦自己選擇的單字或金句。你可以選擇適合自己的任何單字或組合，例如：「正面」「呼吸」「開放」「自由」「就緒」「自信」或「滿足」。

2 **關機。**這是威廉曾使用過的另一種句子——能夠讓他的全部身心得以放鬆。「很長一段時間，當我想盡可能達到全然放鬆，或當我潛入水中達到自由落體階段能夠停止游泳時，我會給自己一個心理命令：『關機。』這個想法是要觸發身體的所有肌肉放鬆，才能讓我處於深度精神放鬆狀態。」[6]你可以在冥想或在床上放鬆時試著這麼做。同樣的，你也可以使用任何與這類感覺連結的單字或金句來提醒自己。試試「冷靜」「平和」「放鬆」或「放下」吧。

3 **全部的我。**大多數人在生活時，好像只是出門靠著兩條腿走來走去，有帶大腦卻沒有把注意力放在心裡。我們沒有充分品嚐、聞到、感覺到、看到或聽到，甚至也沒有充分地聆聽心中的直覺。想獲得最佳表現，威廉說他需要自我的所有要素：身體、頭腦以及他所謂的「潛心」（即潛意識）與精神（推動他前進的力量或內心的火焰）。因此，在訓練過程中和潛水前，他都會依序點名這些領域確定到位。你可以依樣畫葫蘆：與你的身體、頭腦、心進行交談，把這些當成你的團隊，你需要它們全部的幫助。

4 **橘色的燈。**威廉受到氣功啟發，採納了這種視覺化的做法。在進行特定的手部動作時，請想像一下自己創造了一顆活蹦亂跳的光球。然後，想像自己將這顆球存放在肚臍和會陰間，這個地方在武術之中被認為是人體能量的發源地。在「瞬間」的恐懼和任何其他恐懼觸發條件下，這顆球都是你在困難情況下可以使用的備用動力來源。這對威廉的意義是什麼？在嘗試打破世界紀錄時，他知道，如果需要的話，自己還有更多能量可用。「我相信這種能量嗎？不能說我百分之百相信，但我確實相信這種想像力能帶來的心理影響。就算不為了別的原因，我在潛水過程中隨時備有大量能量的幻想給了我一點額外的信心。信心就是信心，就算建立在幻覺的基礎上也是一樣。」[7]為了與海洋的藍色形成鮮明對比，他把光球想像成淡橘色，你也可以根據自己的喜好選擇任何顏色。

釐清心思

自由潛水是一項極限運動，也是一項實驗性運動，因為宗旨都在於將人類的生理機能推向極限。也因此，潛水運動成為駕馭並拓展思維能力裡，一個很不可思議的例子。

支撐威廉完成這項超越人類水上活動壯舉的心態，與恐懼恰恰相反。這是一種真實活在當下、經驗每個片刻的能力，我稱之為精神自由。我們在前面的篇幅（請見第五章「四、恐懼會限制你的精神自由」）了解到恐懼如何箝制你，接下來，我們會更深入地談談如何讓你擁有這種精神自由。

如你所知，我將恐懼類型分為「瞬間」和「不夠好」兩種，這是因為兩者的解決方式不同。但是實際上，學習精神自由能讓你在關鍵時刻更易於管理自己的心思，還能更快從更深層次的觸發因素中恢復過來——那些觸發因素通常也容易引發「不夠好」的恐懼。

你可以像威廉一樣，透過練習來培養精神自由。他說，他注意到自己在精神自由的心理訓練對生活也產生了連鎖反應，如同運動對生活也產生影響一樣。「我猜這確實加強了我應付壓力和保持鎮定的能力，讓我明白不要太重視事情的後果，也不要太情緒化。」

威廉是我遇過的運動選手中最了解潛意識力量的人，他描述了自己如何在身體和理智思維想要反抗的前提下，依舊利用想像力克服恐懼，並創造精神自由。

在潛水的關鍵時刻、也就是達到所謂的「中性浮力」（neutral buoyancy）條件時，鹹水密度會等同於身體的密度。在此之下，你的身體將一路潛入水底，這就是潛水的自由落體階段。威廉說，正是這個時刻，他需要把自己的一部分拋在腦後──他的過去、希望、遺憾和憂慮：

> 不要把自己看成是陸地生物，而要持續相信自己是水底生物……越不要去想自己過去的事情，身體就會變得越輕。現在，你處於負浮力狀態。如果這個時間維持太久，你會喪失生命，但這同時也是潛水最美麗的部分，因為你感覺自己被海洋接納、吸收。一個陸地生物越往水底潛入，會變得越緊繃焦慮，但你不是這樣。記住，你是水底生物，海洋是你的家。你與海洋融合得越深，就會越放鬆。

威廉還描述了為精神自由所做出的選擇──那一刻只有當下，和他自己：

海平面以下，是一個很酷的地方。我們星球上百分之九十五的生態系統都在水下。我們是從五億三千萬年前的海洋進化而來的。但是，不僅僅是我們的地球具有海平面，我們的腦海中也有一個水邊界，分隔了邊界以上理性的、有意識的思想，與邊界以下的潛意識。我們一生把大部分的時間都花在那超凡、不受束縛的理性思維那一邊。但是，同時，潛意識裡有一個安靜而深邃的井，一切都在我們無感知的情況下發生……我們不知道那一邊有多深，甚至從未觸及最底部，但是我們知道有什麼從中產生。練習冥想或正念，甚至服用精神藥物的人，就像潛入那片寂靜大海的潛水者。在一百公尺深的地方，你不會再去想到政治、洗衣服或自己是否說錯什麼話——這些屬於另一個世界的事物，全被留在水面之上。你成為寂靜。

像威廉這種等級的選手做出的表現，不但觸及靈魂領域，他還看到我們過度依賴忙亂的心緒，還有多疑且充滿防衛性的自我。他強調，切斷你嘮叨的心緒非常重要：

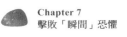

如果你無法切斷理性的、分析性的心緒，就無法切斷籠罩在這些雜念上那悲觀的、繚繞不絕的聲音。這些聲音會一直跟著你碎念，直到你提早放棄、轉身上浮，因為焦躁導致耗氧增加而搞砸眼前這次潛水……每當你屈服於那絕望的聲音時，就會加劇自己的困惑和迷信。

李伊和威廉所面臨的恐懼程度幾乎可說超越人性。但是，就算他們有驚人的壯舉來消除恐懼，他們仍然是人類。為了壓制這種程度的恐懼感，他們有條不紊地進行了持續的準備。這是需要練習的，而且，你也做得到。

1 納德勒（R. Nadler），〈我的智商跑去哪裡了？〉（Where did my IQ points go?），參見：https://www.psychologytoday.com/us/blog/leading-emotional-intelligence/201104/where-did-my-iq-points-go

2 〈威廉・楚布里奇：紐西蘭人下潛一百零二公尺，刷新自由潛水世界紀錄〉（William Trubridge: New Zealander dives 102m to set freedive world record），參見：www.bbc.co.uk/sport/diving/36856390

3 〈自由潛水死亡率的驚人事實〉（The Shocking Reality of Freediving Death Rates），參見：http://freedivingfreedom.com/risks-of-freediving/freediving-death-rates-the-shocking-reality/

4 丹克史卡爾（Dancke Skaare, S.），二〇一七年，〈我們為何喜歡看恐怖片〉，參見：https://partner.sciencenorway.no/film-forskningno-inland/why-do-we-like-watching-horror-films/1451826

5 威廉・楚布里奇，〈水深一百零二公尺的心理技巧〉（Mental Techniques for 102m），參見：http://williamtrubridge.com/writings/mental-techniques-for-102m/

6 出處同5。

7 出處同5。

第三部

PART 3

恐懼的各種樣貌

Chapter 8

我不夠好，該怎麼辦？

我們現在知道，恐懼是自然的，是人類體驗的核心。但當恐懼以一種不太明顯的方式在你的生活發揮作用時，需要下點功夫才能了解背後究竟發生了什麼事。

現在我將透過這些隱藏的、扭曲的恐懼，告訴你如何分辨問題——這個方法我稱之為「看見，面對，替代」。這不是速成的解決方案，但想方設法找出隱藏在生活中的恐懼依舊是值得的。這些扭曲的恐懼——我們人生每天都吸入的恐懼——不僅沒有必要，還會偷走我們的成就，只會讓我們獲得「淺層勝利」。

由於這些恐懼常常是變相的，所以發生當下你可能不會意識到發生了什麼事。下面是「隱藏的恐懼」可能發生的一些情況：

怎麼做都不夠

恐懼會妨礙你成功後所感受到的氣氛和品質，我將其稱為「淺層勝利」。你覺得怎麼做都不太夠，或沒有感受到期望中的快樂。那是因為你實際上心不在焉，你老是在尋找下一座要征服的山。

你可能會感到煩躁，渴望更多，或者想知道接下來還會發生什麼事。這種動機並非來自真誠的夢想和渴望，而是來自對失敗的恐懼，怕自己做不到或做得不夠，怕失去已經擁有的成功。你的內在體驗平淡無奇，幾乎沒有感激之情或滿足感。你只是一味追求地位，而不是健全的心靈。

停止嘗試

你是否老是為沒有全力以赴找藉口？這些藉口背後有任何恐懼嗎？你可能會發現自己寧可「壯烈成仁」也不要失敗。這種心態會使你接受較不理想的結果。例如寧可受傷也不想去面對團隊裡的競爭；寧可辭職也不想面對自己表現不佳的意見；寧可以虛假的理由結束一段感情，也不想正視被拒絕的可能性。如果這些聽起來很耳熟，那麼，恐懼正在阻撓你的成功。

受困於人際關係

你不想讓他人看到恐懼的一面，人際關係的品質也會受到影響。程度可大可小。例如某件事誘發你心裡的恐懼，或是當你覺得自己受到威脅時，你的態度可能會變得過於警戒、充滿防禦心，甚至惹人嫌。

人際關係中另一個受到恐懼影響的模式，是讓你變得迴避和畏縮，導致你與伴侶、朋友或家人之間出現距離。或者，你也可能在家庭或親密關係中出現過度反應。你可能會有強烈的情緒反應，或是顯得固執、需索無度。

正如我在第六章所寫到的，這是我最常遇到的四種扭曲恐懼的樣貌，也是我接下來要探討的問題。

●當你感覺自己嫉妒他人時，追根究柢，你會發現自己害怕不夠討人喜歡。
●當你沉迷於完美主義，追根究柢，你會發現自己是害怕失敗。
●當你想評判別人或感覺自己被評判時，追根究柢，你會發現自己是害怕能力不足。
●當你感覺想與他人保持距離，追根究柢，你會發現自己是害怕被拒絕。

請記住，這些恐懼的根源都在於害怕自己不夠好，害怕被拋棄。主導你人生表現的力量可能正是來自這些恐懼，而且以各種扭曲形式呈現。

害怕自己做得不夠好——這種恐懼會以無法解釋也無法合理化的模糊隱晦樣貌出現。甚至當你的生活表面上看起來很美好，你卻還是感覺不太對，或是哪裡還沒做好。

如何發現「不夠好」的恐懼

我們如何發覺那些主宰我們生活的恐懼？我發現，如果我們可以把恐懼誘勸出來，就能開始對症下藥，改變恐懼。這個過程可以分為三個階段，我稱為「看見，面對，替代」。

1 **看見**：在嘗試解決任何問題之前，重要的是要看見並定義你所擔心的事情。這麼做不僅是自我診斷或是找出擔心的事物具體貼上標籤，或找出其他人的意見，而是要找到一種方式來與心中的恐懼相處，包括恐懼的能量與真實樣貌。你的恐懼看起來是什麼樣子？你對恐懼的感覺是什麼？識別並描述你的恐懼，是與恐懼共處的第一步。

2 **面對：**反躬自省，看看你的恐懼在生活中如何顯現。你所付出的代價是什麼？恐懼為你的生活帶來什麼影響？他人又為此付出了什麼代價？

3 **替代：**最後，你能以更具力量和希望的事物，來取代心中的恐懼。這個做法的基礎是重新詮釋、想像你心裡真正想要的生活。我們會在後面的章節討論。

圖像化及想像力

在接下來的第九章至第十二章中，你會讀到人們的故事以及他們如何「看見」並「面對」各種極常見的、本質實則為恐懼的行為。在第十四章至第二十章中，你會讀到一些鼓舞人心的人物和單位所提供的想法；在我的職涯中，很幸運地遇到一些人或單位，他們找到了「替代」恐懼的有效方法。這些故事的作用都不是讓你完全複製，而是給你一些方式去思考恐懼及可能對你有用的辦法。

在職業生涯的早期，我為客戶提供談話療程。我的工作大部分與一般人的認知吻合：與客戶談談他們的感受和經歷，並運用心理解釋、診斷、標籤和認知模型來輔助工作。直到今天，我仍然覺得這些做法很受用。但在尋找真正能持續處理情緒的方法時，我發現還有很多資源可以使用，那就是——利用自己身心的智慧，尤其是想像力。

經過多年的輔導和諮詢對話，我發現超越理智和理性並發揮想像力，是針對傳統談話療程的有力補充。想像力給了我們點點滴滴的智慧結晶，這些智慧以圖像和故事的形式現身於我們遭遇的事情之中。想像力可以為我們的理解添加一面有用的薄紗，讓我們得以尋找一些隱藏在背後的線索。因此，只要你想「修復」自己的感受並立即轉換情緒，有時可以把一點空間留給想像力。

將恐懼圖像化，比起使用標籤或文字試著去看見並描述恐懼，可能要花費更長的時間。但是圖像更加豐富，也能提供更多見解。透過逐層添加的想像力，你「看見」恐懼的程度就像慢慢雕琢一件藝術品一樣。而且我發現儘管花費的時間較長，改變也可能較緩慢，但是搭配這些生動的見解，效果其實更好，也較能持續下去。

下面，我將解釋使用圖像到底是什麼概念，第十四至二十章中的故事也會讓你更有畫面。我現在所做的工作，無一不是奠基於此。

你可能會認為想像力和製造恐懼有關聯——當你的想像力過度活躍且難以控制時。這也許可以解釋為什麼想像力往往被忽略或使用不足。但是，把想像力當作一種理解事情的方法，效果是一樣強大的。正如作家狄巴克·喬布拉（Deepak Chopra）寫過的，「想像力的最佳用途是創意，最差用途則是焦慮。」[1]

◆一、看見

我們可以從尋找生活中的空隙開始。這些空隙會引起不必要的、扭曲的恐懼，特別是在我們的人際關係和環境中。在「看見」的階段，主要任務是理解恐懼的多種面貌，以及隨之而來的能量或情感底層的力量。這個想法是讓你能看清恐懼，同時也要感受、體驗而且察覺恐懼是如何影響著你的生活。

要達到這個目標，你可以使用語言、邏輯、標籤和其他較熟悉的事物來描述恐懼，也可以運用你出色的想像力中已經存在的所有資訊和智慧。

我發現，提出問題對於讓人們將恐懼圖像化，非常有用。圖像能讓我們試圖解釋的內容更加具體。容我使用幾種情緒當例子：如果你的伴侶說你的怒氣像「生鏽的魚鉤」一樣撕裂他的皮膚，而不只是說「我也很生氣」，前者更能感受出他的情緒調性。除了鉤子會帶來疼痛外，鐵鏽還會感染傷口，造成更致命的傷害。下次當你發怒時，或許你就會先想到伴侶所體驗到的傷痛和憂傷。

或者，你可能因為聽到朋友不斷抱怨她那位很糟糕的前任而覺得困擾，你可以形容那種感覺就像腳趾間起了水泡、每次摩擦就感到刺痛，讓人無法忽略。這種感覺不只是輕微的不舒服，簡直可說惱人地刺痛。這樣你不僅傳達了刺激感，還暗示了一種緊迫感。這種感受所傳達出的訊息是，你應該要做點什麼了，但你不確定是否該「擠破水泡」、誠實告知對方不想再接受她的負能量，或是等待並希望水泡自己消失。

恐懼是一種能量，如果我們僅是使用單詞來表達，想要表達的內容可能不夠精確，就像將其倒入一個過小的罐子，很多含義都會從罐子溢出。而且我們選擇的詞彙也經常是從其他人口中聽來的，然而圖像卻更有可能是你自己獨有的。

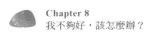

、使用圖像時，你的表達就變得生動，因為這更像來自於你的靈魂，也讓你能更加貼近潛意識裡的恐懼體驗。

而且，事實上，你早就已經在使用圖像去描述情緒了。例如，你心裡想炫耀的欲望是否「膨脹到爆」？那個譁眾取寵的傢伙愚蠢程度是否「大到連自己的靴子都塞不下」[2]？你的孩子是「心肝寶貝」嗎？工作上的鬧劇是「茶杯裡的風暴」還是「把小丘當成大山」[3]？

以下這些問題，可以幫助你找到適用的圖像：

- 恐懼給你的感覺是什麼？例如，讓你覺得緊繃、綁得死死的？或是會像火山一樣爆發？還是像蜘蛛一樣爬行？
- 你是從身體的哪個部分感覺到的？是在喉嚨裡掐住了你？還是像鉛一樣掛在你的腿上？又或是在你的肚子裡面攪拌？
- 如果恐懼是有質地的，可能是什麼樣子？尖刺的？粗糙的？黏滑的還是乾硬的？
- 恐懼出現時的溫度如何？讓你感覺像火在燃燒或是瞬間凍結了嗎？或是微溫，還是冰冷？

●恐懼帶著什麼樣的能量？是啃咬？撕裂？刺痛？壓縮？悶窒還是燙人？

圖像與潛意識的關聯

如果你能想想恐懼的圖像，那個圖像會是什麼樣子？也許是自然環境的景象：你正站在一條洶湧湍急的河流邊緣，河水不斷沖刷侵蝕你腳下的土壤？半夜在一片漆黑的森林中踉蹌走著？面對狂吠的狗？被困在水下？

你能聽出恐懼的氛圍，並感受到每個人的不同嗎？河水代表感覺失控，森林代表迷茫，在黑暗中表示失去方向，狂吠的狗代表受到攻擊的感覺，水下則代表恐慌。

當我照這些語句提問時，人們一開始常感覺困惑。不過他們一旦開始跟著採用，很快就能找出自己的圖像。你的想像力可能沒有得到充分利用，但確實是強大的盟友。

當然，語言也很強大。但我發現僅使用邏輯和語言，人們很可能依舊受限於膚淺片面的形容。他們有時還會歸咎於「瞬間」恐懼，但追根究柢，還是「不夠好」的恐懼在作祟。例如你可能害怕在他人面前公開談話，你覺得恐懼是因為害怕自己忘記要講什麼；但是扭曲的恐懼真正面貌是——你害怕自己不夠好而被拒絕，這才是真正搞砸一切的關鍵。

圖像為我們提供一個通往潛意識，也就是理性大腦之外的窗口。潛意識是一種未被充分利用的資源，可以幫助我們更完善地去運用生活裡的情感和能量。

我們的潛意識曾經被認為是晦暗又廣闊的領域，而那正是神祕的人類本能與動力所在。最近，人們發現潛意識是擁有強大心理能力的仙境：潛意識其實不斷透過我們的判斷、預測、感覺、故事和動機在發揮作用，但由於我們尚未了解潛意識的能量有多麼深遠，因而還無法隨時運用來更透徹地了解自己。

對你而言，我的建議可能聽來有些陌生。因為我們已經習於在邏輯思想、概念和理論的範疇行事。不僅在治療方面，在一般生活之中也是如此。正如暢銷書《傾聽靈魂的聲音》（*Care of the Soul*）的作者湯瑪斯．摩爾（Thomas Moore）所說：「我們生活的世界傾向於從機械或物理角度看待這個世界，他們不了解我們的經驗存在一些看不見的維度。甚至所有事情、包括大自然都有看不見的維度。但我們往往傾向於不斷精簡、化約。」

我們時常被邏輯、事實和證據所困擾，以至於對自己的內心、想像力和潛意識中的其他感受視而不見。但是這些感受及理解就算不能直接轉化為事實，依舊是完全確實有效的，甚至可以有效地重新詮釋我們自己和恐懼。

我們可以透過想像力來學習運用潛意識，但這是一種不同於以往的「思考」方式。

我曾與一支紐西蘭體育隊伍共同合作。他們當時正嘗試樹立代表自身和紐西蘭代表隊的文化形象。選手們一起發揮了想像力，創造出一個「聖屋」的象徵。這個房子涵蓋了他們的價值觀、信仰、精神和祖先。他們還制定規則，任何剛入隊的選手都必須尊敬這個房子，也就是尊重這個團隊，甚至還備有歡迎新進人員和與老朋友道別的儀式。

對於外人來說，這間房子可能只存在於團隊的想像中，但其發揮的能量可不是任何一個單獨的個人可以左右，而且其存在值得尊重。支撐房子的木柱上有雕刻與圖騰，絕對不只是一個隱喻而已，還具有強大的行為驅動力——儘管房子不是由任何一個現下的事實、證據或邏輯組成。

潛意識的能量

這說明了潛意識如何使你進入更深層的意義和情緒，創造更深的聯繫和歸屬感。潛意識為看不見的事物賦予了價值：他們祖先的歷史、之前穿過這套制服的人們，以及其文化的神聖不可侵犯。

同樣的，你一旦發揮想像力，就可以看出「不夠好」的恐懼下，更深層的含義。你可以先從看到「可能看不到的東西」的那一刻著手。

除了問自己一些問題以外，你還可以在恐懼時關注自己的身心，徹底見證恐懼的能量。請下定決心，不要再隱瞞或掩飾恐懼，也不要看都不看，就把恐懼壓制下去。

當你開始凝視更深的恐懼時，請不要讓大腦開啟「自動駕駛」模式，而要特別留意自己在特定環境中的變化。留點時間靜靜反思，因為這能使你的恐懼浮出表面、被看見。你還可以在恐懼現形時，對你信任的人大聲說出來，甚至記下來。

請不要著急。這需要空間、時間和自我疼惜。如果你抄捷徑，草草選擇一個解決方案「就這樣決定」，那麼你可能在三天或三週左右感覺良好，之後恐懼又會逐漸襲來。但是，只要花點時間，你就能開始描述那些緊緊跟隨你心的圖像。

前面已經談過，有些行為跡象可能表示心中存有恐懼，但除了行為以外，你的身體也會與你溝通——身體與心理並沒有那麼遙遠。

在某些特定環境中，你可能感到沉悶、孤立，身體感到沉重，能量無法隨意流動。或是你感到精力分散，因此不斷切換想做的事情，比如發訊息、掛網、工作、講話、開車。當你感覺呆滯、筋疲力盡，或是胃部不適，你認為身體想要告訴你的，是什麼樣的情緒狀態？請停下來聽一會兒。

你越關注自己的感覺，對圖像就有越多想法，也越能注意到是誰或是什麼因素觸發了你「不夠好」的恐懼，以及這種恐懼感覺如何。這樣一來，真正解決問題的機會就越大。

◆二、面對

一旦你看到自己「不夠好」的恐懼，就可以面對恐懼了。這表示你非但不能轉身逃開，還要更深入地了解恐懼。這是最難的部分。

當然，恐懼會令你怕得要死。你可能只想找個不用動腦的方法盡可能逃避恐懼。問題是，如果你想改變這些隨處可見、扭曲的恐懼形式，只是遮住自己的雙眼不去看是行不通的。恐懼非常頑固，迴避與拒絕只會替恐懼帶來更多能量。

唯有面對恐懼時，你才能看到恐懼如何在生活裡運作、想得到什麼、你可以怎麼做。當你承認恐懼在自己的生活造成影響，就會看到恐懼如何逐漸成形，並注意到恐懼如何影響你的人際關係和選擇。

你可能會看到恐懼在某些地方使你裹足不前，儘管有時恐懼也很好用。仔細看看恐懼是如何擴散，並影響其他人。你還要注意恐懼如何偷走了你的野心，挫敗你的激情。

問問自己以下問題，能夠幫助你做得更好：

- 當我被恐懼俘擄，我會變成什麼樣子？
- 當恐懼到來，我的哪一面會被壓縮？
- 當恐懼到來時，我的人際關係發生了什麼變化？
- 當恐懼到來時，我的行為、心情和精力出現什麼變化？
- 什麼時候，恐懼令我想要放棄？
- 恐懼阻止了我在哪些方面的成長？
- 如果想放開這些恐懼，我必須將什麼東西拋下？（何種藉口，何種原因，何種故事，何種身分）

● 放開恐懼，我的前進之路就會更清楚嗎？
● 如果我消除了這種恐懼，生活會有什麼不同？我會如何擴展自己？
● 恐懼使我付出了什麼代價？
● 恐懼使我周圍的人付出了什麼代價？
● 恐懼替我找了哪些藉口？
● 我抱持了什麼樣的態度和信念，才使得恐懼生生不息？
● 我所處的文化，如何孳生我的恐懼？
● 恐懼使我遠離了哪些激情和抱負？

能問的問題確實很多。你不必全部問過一輪，但深入了解恐懼確實要花些時間。我想警告你：結果不完全都是正面亮眼的。你需要一些勇氣、真理、耐力和自我反省的能力。你可能會覺得自己身陷黑暗之中，但正如詩人迪奧多．羅賽克（Theodore Roethke）所說：「在黑暗的時刻，雙眼始看得清楚。」

你可能必須刻意讓自己不舒服——例如，承認以下情況：

● 我不想卡在這裡，但我怕踏出一步就會變成眾人的笑柄。

- 我怕自己在大家面前像個白痴，所以不敢講出自己的意見。
- 我怕即使嘗試以後，事情也還是照樣發生。
- 我怕自己無法承受痛苦。
- 我非常害怕拒絕之後，就不會再有機會了。
- 我怕自己無力擔此重任，只會羞得無地自容。
- 如果所有人都知道我其實根本沒那麼好，該怎麼辦。

面對恐懼可能會令人不知所措——你是否能夠應付這種痛苦？你是否有克服恐懼的勇氣？如果你放棄自己目前的生活方式，一切會變成什麼樣子？你準備看到什麼前景？還有，你最終想消滅哪些東西？

相信自己，確知自己強韌無比，記住自己是誰。挖掘你的恐懼，大聲說出來，就像轉開暖氣機讓熱氣排出一樣，你人生的能量才能再度自由流動。如果你做到了這點，就可以進行下一步。

◆三、替代

最後的終極目標，是創造更大的精神自由。你可以用堅實的另類敘事、思維方式和決策來取代「不夠好」的恐懼。

當你開始「看見」並「面對」自己「不夠好」的恐懼，及對你和他人的影響時，你的努力就不會白費。這是幫你成長的養分。在自然界中，有機物質腐爛以後便成為新生命的養分。你的恐懼也是如此。

想要實現這個目標，你得努力付出，才能消除正在操控你、以恐懼為基礎的敘事。每一種因為「不夠好」而產生的恐懼，萌芽的基礎都是你害怕他人知道自己的真面目，害怕自己在某方面沒做好，害怕自己沒那麼討人喜歡。這些敘事把你和身處的文化牢牢釘在一起，但是只有你自己才能決定這種敘事是否正確。只有你知道自己害怕什麼，才能正視恐懼在生活中現身的方式以及付出的代價，也才有空間創造替代恐懼的敘事——這些新的故事是你的人生基石。關於你是誰、你的韌性和潛力的故事。這些是你講給自己和其他人聽的故事，這些故事支持你的人生，為你的生活定調。

這就是第四部中，第十四至二十章的內容。這些章節提到了許多個案，包括他們如何改變牽絆自己的恐懼，並提供我們改變生活的一些想法。畢竟，以賦予力量和希望的方式，充實自己與旁人的聯繫，這麼做確實足以替代原有的恐懼。你能重新定義恐懼的敘事，以新的方式講述同一個故事。這樣一來，在獲得人生勝利的同時，也不會輸掉自我。

恐懼的真實故事

接下來的四章，即第九章至十二章，講的是「不夠好」的恐懼如何在真實生活中輪番上演。這些故事取自我二十多年來工作或私人的對話經驗，以及同業和朋友慷慨的分享。那些勇於分享故事的人，基於隱私，已經隱藏了個人資訊。

每個故事之後，我會放一些溝通和對話的範例，幫助你「看見」和「面對」恐懼的能量。這些對話可以幫助你反思目前主宰全局的敘事以及恐懼如何顯現在生活之中。你會發現，故事裡的每個人在發掘自己「不夠好」的恐懼時都很勇敢，結果也非常值得。

Chapter
9 孤立自己

在生活裡，有些時候戴起防衛的面具是很正常的。你和工作夥伴或新朋友的相處情況，與面對老朋友或家人時可能會有所不同。有些人的性格較喜歡獨處或內向含蓄，也是很自然的。

但是，保持孤立和上述情況完全是兩回事。本章所要介紹的情況是，你將自己偽裝成另一個自己，想把自我的某些部分藏起來，不讓其他人看見。之所以這樣做，是因為擔心人們不會接受真實的你。你無法也不願意暴露自己的缺點，因為一旦如此，你就不再被人接納。

這種生活看起來會是什麼樣子？線索之一，你因為害怕展現自己，所以會迴避某些社交團體、朋友或家人。你也可能不想將伴侶介紹給同事認識。簡言之，你不希望某些人看到你生活的其他部分，不希望全部的自己都被揭露。

人們還有很多孤立自己的不同方式。例如不想告訴別人自己的出身，像是種族、社會階層或小時候被繼父母收養的事。又或者你有犯罪紀錄，還是家族裡曾經出過罪犯。也有可能是你沒有完成學業或沒有上大學。我遇過許多職業運動員還有許多人，他們都不想讓別人知道自己閱讀能力不佳。

人們還經常隱藏自己的另一種歷史，也就是與性相關的過往。現在這個時代這麼說似乎有點過時，但還是有很多人害怕讓別人知道這些事，像是自己與太多人過夜而遭到批判，或是與太少人過夜就被人排斥。你可能不願透露自己已經離婚的事實，特別是如果離婚不只一次的話。或者你曾接受美容治療——打過肉毒桿菌或接受豐唇手術——也不想讓其他人知道。

我認為這些事情本身沒有什麼問題，你也不需要什麼事情都全盤托出。我們都隱藏了大部分的自己，而遮遮掩掩只是孤立的第一步。你可以問自己一個重要的問題，判斷上述舉動的根源是否源自恐懼：如果你把自己遮掩的東西暴露在外，會感到羞恥嗎？

如果答案是肯定的，那麼遮掩自己某些部分會讓你付上巨大的代價。自外於他人所花費的心力，會嚴重折損你的健康和幸福。

如果深入挖掘這種恥辱，你會發現根源是自己害怕被起底，然後被拒絕。這種恐懼可能充滿腐蝕性，它會吞噬你的身分和價值，讓你感覺自己像個騙子。

接下來我要說一個運動員的故事，他不想告訴別人自己的男同志身分。他不想出櫃，因為害怕遭到批判和排斥；而且除了感覺羞恥以外，他看不出隊友和家人對自己的性向會有任何其他感想。

因為害怕被別人看見全貌而孤立自己的最嚴重後果，是失去體驗和給予愛的能力。你無法在獨處（無論是心理上還是生理上）的情況下還保有與他人間的愛，甚至希望從這樣的愛裡得到滋養。

你會從接下來傑克的故事中看到，無論愛的火焰有多旺盛，都需要氧氣才能存續下去。愛不僅是與某人的關係，還是一種完整的生活方式。

◆傑克的故事：「我無法對任何人說：我是同性戀」

傑克是一名成功的運動員，但他對於自己的同性戀認同感到羞恥，也害怕被排斥，結果這些恐懼影響了他與家人、朋友和隊友的關係，讓他過著越來越孤立的生活。

我一直都比較喜歡獨處。我並不害羞，實際上我可以是很高調的人。但我不希望有人干涉我的事情，我也討厭別人多管閒事。我不相信任何人，甚至不信任我的家人。他們都是鯊魚，只想從我身上得到東西。我也沒有和球隊裡的任何人親近。其實我在任何地方都無法與任何人接近。

我知道我活在謊言中。但如果我說出實話，你能想像球隊裡會發生什麼事情嗎？還有媒體和球迷？我根本不想在我的運動領域中因為同性戀身分而受矚目。

我非常努力爭取機會。現在我身處的層級比賽時間非常有限，我只想好好把握時間，而不是每五分鐘就聽到一次「死娘炮」。

最近我接受了一些媒體訪問，有位女記者問了很多私人問題，像是我喜歡哪種類型女生之類的。我進入偽裝模式成了「假傑克」，編出各種廢話。你真該去聽聽看（笑）。

學校和球隊的每個人都把我當成那個假傑克。甚至連我的父母也是。小時候，我們真的很親密。現在，他們可能認為我不知感恩，因為大多數時候都離他們遠遠的。他們為我和我的成就感到驕傲，甚至把我當成偶像一樣崇拜。因此，如果他們發現我真實的另一面，絕對是一大打擊。當我想到他們發現原來我一直都在對他們撒謊，他們會有多麼失望（更何況我甚至不愛女人愛男人），我也變得更加畏縮。

我十九歲時和一個表兄弟大吵一架。他嘲弄我，叫我同性戀。我暴怒，以為他的大嘴巴要把我的真相抖出來，所以就呼了他一巴掌。我的過度反應嚇到了所有人，包括我自己。

我花了大量的時間和精力去逃避一切，卻只聽見腦海裡有個聲音一直對自己說：我是個騙子、是個魯蛇。我沒有瘋掉，只是對於自己的同志身分感到不太舒服，我也不認為其他人會對這件事感到舒服。

我一直以為真相遲早會被人揭穿。剛進球隊時，我有個交往了幾年的女朋友。我一直在努力逼自己當個直男，但是我早就已經被掰彎了（笑）。

這樣聽起來我好像是在利用她，但我並沒有。她是個優雅的人，我真的很想和她在一起，好好過生活。她總是說我太多愁善感、喜歡把自己關起來，我需要「開放」。她希望我能更關心她，但我沒辦法做到。

我很偏執，但，有時候，我覺得——她內心深處肯定知道。但是她什麼也沒說，對此我深表感謝。如果她在我很脆弱的時刻、特別是在我們的戀情快要結束時說出一切，我不知道自己會做出什麼事情。我喜歡和她在一起的時光，大部分都是日常活動，例如出門閒逛。我也喜歡看到父母們為我這樣的情感生活感到滿意高興。我認真對自己說，我們在一起是有未來的。

那段時間對我來說，堪稱職業生涯中最好的時光，因為沒有太多壓力。如果有好事者想知道我休假期間都在幹什麼，我可以說一些女朋友的事來讓他們閉嘴，然後繼續練習。比賽的日子裡也沒有太多壓力。受邀參加頒獎典禮或球隊的家庭日，有個女朋友一起出席確實容易多了。

幾年來，我們彼此都表現得很相稱、登對，但後來她開始談到生孩子和步入婚姻。當我想到自己的謊言有多大時，我感到恐懼，身體覺得很不舒服。

於是我開始迴避她。我越迴避，她就越覺得我搭上了別的女人——哈！當我不肯做出承諾時，她就變得越來越煩躁。她一直問我是否愛她。我應該怎麼回答呢？我愛她，我真的愛她，但不是以她需要的方式。

她不再相信我。她變得冷漠，還有點苛薄。我覺得自己真的太讓她失望了，但卻連說服她的理由都說不出口。

我感覺陷入困境，也覺得很孤單。當她終於提出分手時，我的感受很矛盾：悲傷，但又鬆了一口氣。

去年，我在一間夜店遇到一個男人。一開始，他不知道我的職業——這是好事。你必須非常小心，某些笨蛋可能會趁你不注意，拍下照片拿去公布在網路上。我剛入行時就發生過一次，當時我在度假。謝天謝地，那些照片不是很清晰，我也設法把照片都從網路撤下了。

我們展開一段關係。我真的很喜歡他。他深夜會來我家，我們會一起出去閒晃或是做些「情侶的事情」，例如和狗一起坐在沙發上看電視，一邊吃著南多（Nando's）快餐店的食物，然後一起開懷大笑。

那一陣子我覺得一切都很正常，或者像我自認的一樣正常（笑）。每當我想到在訓練結束後能和他碰面就很興奮，甚至走路有風！但這不算正常，對吧？這是不正常的，因為我在遮遮掩掩，我在說謊。我開始變得多疑，時不時拷問他：你能證明自己沒有告訴任何人關於我的事嗎？

他開始慢慢疏遠我，這讓我更加焦慮和緊張。我想我已經愛上了他，但我就只是不斷繼續干擾他。因為這樣，我終於毀了這段關係。他說他不想因為我拒絕出櫃、就讓他在出櫃後又被拖回櫃子裡。

在那之後，我感到更加失落和孤獨，也更加孤立了。我試著專注於球隊裡的表現，以其他事情分散自己的注意力。假傑克押著我繼續前進。除了我的狗和我的老夥伴：恐懼——這就是我真正擁有的一切。這聽起來好像什麼西部鄉村歌曲的歌詞不是嗎？（笑）

我們可以這樣做

傑克直到運動員生涯結束多年以後，才開始梳理自己的問題。他不想在職業生涯中出糗，這並不讓人意外。正如我在第一部所描述的，這是一種雙重的羞恥感——包括對於暴露自己的恐懼，以及他人對自己的外部認定形象的恐懼。

後來，當他漸漸難以應付自己的孤獨時，又陷入了一連串的酒吧鬥毆之中，他才終於決定正視自己的恐懼。

當我第一次要求傑克開始描述他的恐懼時，對話是這樣進行的：

皮帕：「傑克，你能給我一個關於這種恐懼的圖像嗎？它是什麼樣子？」

傑克：「它很巨大。」

皮帕：「給我一個圖像。它看起來像什麼、聞起來像什麼、摸起來像什麼？質地是什麼？」

傑克：「很臭。（笑）」

皮帕：「具體來說，它大概會是什麼樣子？」

傑克：「好吧，這種恐懼就像是一隻高大憤怒的灰熊，被拴在門口，守衛著房門，脖子和腳踝上套著的鏈條不斷摩擦，弄痛了牠，使牠發出怒吼——大概像這樣。」

皮帕：「那頭熊想告訴你什麼？」

傑克：「牠試著告訴我，闖過這道該死的門，可不安全。」

皮帕：「牠想保護什麼東西？」

傑克：「（嘆氣）我的心。牠試圖保護我的心，不讓我的心受苦。」

皮帕：「傑克，你心裡的誰……感覺到這種痛苦？」

傑克：「（停頓好長一段時間）十一歲的孩子感覺到了。用直覺。他直覺認為這很羞恥。」

皮帕：「好。你心裡的誰，能減緩這個十一歲孩子的痛苦？」

傑克：「（長時間停頓）呃，長大的我，現在這個男人。我猜。」

皮帕：「多說一些，長大後的你是什麼樣子。」

傑克：「有韌性。使命必達。有趣，我自己也這麼覺得。有更柔軟體貼的一面。我有愛。」

皮帕：「你想對這個十一歲的孩子說什麼？」

傑克：「（嘆氣，憂傷地說）你沒事的，孩子。沒事的。」

皮帕：「你還能和孩子分享些什麼？」

傑克：「這不是你的錯，孩子。」

皮帕：「是。」

傑克：「你沒有被打倒。」

皮帕：「是。」

傑克：「你很可愛。（淚水，長時間停頓）我會保護你的。」

皮帕：「長大的你會保護這個孩子。」

傑克：「是的。我想保護他。」

皮帕：「那熊呢？」

傑克：「（聳聳肩）熊累了。牠全身都是污泥。我認為孩子想幫牠擺脫手銬腳鐐。」

皮帕：「好。男孩開始做了嗎？」

傑克：「是的。熊開始平靜下來。」

皮帕：「聽起來熊可能感覺更舒服了。傑克，這隻熊究竟聽到什麼，使牠必須一直如此保護孩子的心？」

傑克：「呃，每個人都是混蛋，都想傷害他。每個人都排斥他。」

皮帕：「這是真的嗎？」

傑克：「不。並不是的。也有些人很好。有些人甚至讓人驚訝。」

皮帕：「所以，熊得到的是一些錯誤的資訊囉？」

傑克：「哈，是的，我想是的。我猜牠只聽到了一部分的故事。」

皮帕：「如果能對熊說出一個更好版本的故事，聽起來會像什麼樣子？」

傑克：「有好有壞，不再全都是糟糕的事情。但是牠可以稍微放鬆一下，因為我已經牽著孩子的手了。」

皮帕：「你可以照顧孩子的心嗎？還有你自己的心？你不需要那麼生氣和恐

懼了，是嗎？」

傑克：「是的，我們可以互相照應。我們沒事的。接下來都會是好的事情。」

傑克花了數年時間克服自己的恐懼，試圖合理化自己的不安全感，並「要求自己」用不同的方式思考。但是一直到他找到方法、將恐懼產生的能量力道描繪成憤怒的灰熊之後，他才有辦法慢慢放手，然後面對恐懼，開始了解恐懼的運作方式。

舉出並面對他的熊（也就是他的恐懼）是下一階段的出發點：思考他如何「重述」自己的人生，讓自己感覺更加堅強。

他的新故事是這麼說的：我有能力，我可以保護、照顧自己，狀況可能時好時壞，但恐懼不必無時無刻處於「保護」狀態。

一旦傑克有了第一批圖像，他只要有需要，就能重新審視、編輯和勾勒這些圖像，然後面對一切，並用不同的方式講述恐懼。

創造新故事的方法

在第十四至二十章中，你會更了解創造新故事的方法。但是，現在你最好先認清，新故事不是只有甜滋滋的蜜桃和奶油。你的故事會是強而有力、混合各種元素的。例如，傑克的故事包含希望、正面積極，但是也有恐懼。這也是對我們更真實且更有用的原因。

當傑克將這些過往一一吐露——他因為害怕被社會排斥而排斥自己——才終能做出重大決定，向他的父母出櫃。這麼做所帶來的放鬆與痛苦，使他情緒決堤。他和父母三個人最後一起坐在廚房地板上，哭著聊了幾個小時，還共享了他媽媽放在家裡、專為「醫療緊急情況」準備的波特酒。他的父母能夠在他最脆弱時表現出愛和關懷，這個事實震驚了他，也讓他對自己這麼長的時間以來都在批判他們感到十分羞愧。

傑克最終並沒有選擇公開出櫃。但是這些重歸於好和坦誠後的關係，已足夠造就非比尋常的轉變。他也終於有了足夠的愛而能對往事稍稍釋懷，同時對自己的未來懷抱希望。

當你讀著傑克的故事時，他談到的任何主題（感覺孤立，孤獨，不想讓人靠近或不想讓人了解自己）是否聽起來很耳熟？是否使你想起了自己不想被人看到或發現的任何一面？請記住，你若有時會想孤立自己，根本原因就是害怕被拒絕。當你又想保護自己一些祕密，也想明白這背後是否恐懼作祟，問問自己：如果別人知道了我的祕密，我會感到羞恥嗎？

如果答案是肯定的，那麼你可以嘗試重新閱讀第八章「看見」「面對」部分。你會發現更多能對自己提出的問題，將這種恐懼的能量挖掘出來。

Chapter

10 嫉妒

當嫉妒纏身，我們都會產生一種強烈而瘋狂的情緒。嫉妒會啟動杏仁核，因此在以理智將嫉妒驅逐前，你的大腦已經被責備、指責和醜陋的想法挾持，命令你的嘴講出糟糕的言語，或驅使你的手指發出嫉恨的簡訊。

有時嫉妒是一道熱情的閃光，很快就會消失。但本章要講的是一種比較常見的嫉妒：當嫉妒從更深的地方爆發時，就會湧起一種稀缺的心態，告訴你贏家只有一個，因為所有東西都不夠：無論是尊重、歸屬感、榮耀、讚美還是獎勵。

嫉妒的根源位於更深的地方，通常是從比較和羞恥心而來。這個根源是一個警告信號，表示你可能會以某種方式失去愛情或地位。嫉妒的心，源於害怕不足，害怕沒有得到他人的愛或尊重。

嫉妒會將你的注意力轉移到他人的成功，而不再專注於自己擁有的潛力和成就。你與自己脫節了，會讓你感覺更脆弱無力——因為你已經被嫉妒綁架。嫉妒讓你對自己的不足感到一股恨意，想將痛苦完全拔除。而且，除非你可以暫停、接受嫉妒這種情緒帶來的脆弱，花夠長的時間去聆聽嫉妒的聲音，否則，你絕對會按捺不住、做出反應。

你可能已經體會過，嫉妒行為也可以引起他人強烈反彈，導致彼此產生恐懼、需索、困惑和憤怒，直到有些事情開始龜裂、崩壞或潰散。

著手處理嫉妒的方法之一，是將其視為一則資訊，一條令人不舒服的線索。你可能需要先抱著一點同情的態度看待嫉妒，才能再深入探索、面對和取代恐懼。

接下來，我要說說卡羅琳的故事。她是洛杉磯一位非常成功的媒體製作人。嫉妒占用她的時間多到不可計數，後果也是慘痛無比。在讀她的故事時，請想想自己最近幾次在生活中感到嫉妒的時候，她說的話、做的事情，是不是似曾相識？你的嫉妒是否也能提供一點線索，究竟你為什麼害怕自己不討人喜愛？

◆卡羅琳的故事：「我的嫉妒就像血液在後腦沸騰」

我覺得最尷尬的事情是，我在這個男性主導的行業中淘汰了一名女性。我之所以這樣做，只因為我不能容忍她對我的王位帶來威脅。

在電視產業工作三十一年，當人們談論這個領域的傑出人物，百分之九十的人都會提到我的名字。我毫不懷疑自己的才華，但我的成功主要歸功於我比別人更努力、犧牲更多。我對自己和別人的要求都是百分之百的投入，差一分都不行。我幫兒子報名一堆課後安親班和假期活動，雖然我兒子並不喜歡。我經歷過一任丈夫和三個保母，以及一大堆糟糕的工作和糟糕的老闆。

當我打算提供潔西一份工作合約時，我已為當時那家公司工作了六年。她三十歲，工作表現非常能幹，而且已經擁有一部很紅的動畫作品。她是明日之星。

洛杉磯的影視製作產業非常競爭。高級主管和財務部門會控制預算，我們這些人——也就是創意工作者，必須向他們遊說以尋求資金支持。我過去常與這些高級主管們交手，而且場面常常很醜陋，甚至流於人身攻擊。我們看彼此不順眼。

我不太相信潔西會喜歡我們的工作方式。她有點古怪但又很有自信，不是我這一行常見的那種人，她有點太「討人喜歡」了。但，坦白說，能從她身上得到的東西令我垂涎不已。有了她的幫助，我們就能一舉超越對手。潔西不想離開紐約，但我討厭輸的感覺，所以我最終用迷人的洛杉磯生活和她難以拒絕的薪水，雙管齊下才把她吸引過來。當我宣布潔西將以高薪成為我的團隊成員時，四下聽眾紛紛揚起眉毛，露出不可思議的表情。

我記得她上班的那一天，我們第一次早餐時的談話。我看著她棕色的大眼睛，她的圓點上衣，那時她還喝著杏仁奶咖啡，似乎有用不完的時間可以和人聊天。她與我明顯不同，這讓我有些不安。但是我決定把她變成我的人，我會保護她、塑造她。

我告訴她當心公司裡的壞蛋，也告訴她每個人都有固定行程，特別是高級主管。我也要她特別注意像羅伯和狄恩這種寄生蟲，他們充滿負面想法，看什麼事都不順眼。我告訴她，只要她跟在我旁邊就不會有事，我會確保她的路暢通無阻。

我以前幾乎從沒有這麼努力呵護這樣一個孩子。你可以說我把自己的名聲押在她身上，所以我只准成功不許失敗。儘管我們並不太相似，我還是從她身上看到了一部分年輕時候的我。我告訴她推動我們的專案時務必獨排眾議冷酷無情，她回答說：「但我也很喜歡聽聽別人的想法。」我犬儒地點頭微笑，想著我該怎樣錘鍊才能讓她變得剛強。

到了第三個月，她的成長飛躍，我很興奮。她的才華難得一見，人們注意到她作品中的簡潔和水準。在幕後，我與那些財務部門的牛鬼蛇神交戰，好得到更多資金挹注各種企劃且展示她的才幹。我每天都為她扛下各種狗屁倒灶的事情好讓她能盡情發揮。後來我發現她可能根本不知道我在做什麼，我根本就是好心沒好報。

她到職六個月後，某天早上八點，我走進大樓，瞥了一眼轉角處的咖啡廳，看到她坐在裡面，與高級主管中最殘酷卑鄙的混蛋羅伯坐在一起，有說有笑。就是羅伯這傢伙讓我在這裡工作六年的生活陷入痛苦。我恨他。

我看著他們。羅伯仰頭大笑，他的肢體語言誇大生動，彷彿正在專注討論著某件多麼不可思議的事情。這是在搞什麼鬼？我感到虛弱、渾身發冷，然後大動肝火。我被出賣了。她為什麼沒聽從我的警告？我不是告訴了她羅伯有多爛嗎？他們在講什麼？講我嗎？

十分鐘後，我發了封簡訊給潔西，要她來找我。

當她走進我的辦公室，我劈頭就說：「妳和那個混蛋剛才在做什麼？」

她顯然吃了一驚，但還是保持鎮定。「呃，卡羅琳，」她說，「羅伯想知道我適應得怎麼樣，還針對提案計畫給了我一些意見。」

「這和他有什麼關係？妳該聽的是我的意見，」我說，「最好別再讓我看到妳和那些大人物們眉來眼去。」

她滿臉通紅，走出辦公室。這對她而言是個沉重的打擊。但她後來還是背叛了我。

潔西接下來埋頭苦幹，還是在企劃裡完成了一些出色的作品，幾週後，我在董事會上展示了這些提案。我本打算帶她去開會，但我還是憤恨難平，所以在會議上甚至完全沒有提她的名字。羅伯也在會議上。他問了幾個關於技術製作方面的問題，想讓我難看。最後，他直截了當地問我，這是不是全部出於潔西之手。

情急之下，我不得不承認確實是潔西的作品，但心中暴怒不已。

董事長說：「卡羅琳，妳的接班人選得真好。不是每個人都有這種膽識領導後輩，妳做得很好。」

接班人！這個詞像一把劍直穿我心。我突然意識到自己是可以被取代的。

我試圖與潔西重修舊好，因此帶她出去吃午飯。但在飯局中，我只是想要套出她對我的忠誠度有多高，所有的問題都只是為了試著把她拉回我身邊。她顯然很不安，但是很勇敢地表示，她對我的問題感到不舒服。這點讓我很佩服；沒有人跟我唱過反調。但我同時也感到胸口充滿一種扭曲的怨恨。

接下來的一個月，每次我看到人們和潔西一起開懷大笑，就會感到胸口滿是同樣的緊繃感。然後，有個客戶在回覆的意見中提到潔西提出的一件作品草稿偏離主題太遠了，要求重做。很慚愧地說，我的第一反應竟然是開心。我很謹慎地向我的長期助手佳恩分享這種幸災樂禍的心情。佳恩聽完以後，說：「搞不好是因為那天她去參加狄恩的派對宿醉了，才會做成這個樣子。」

我感到血液在後腦沸騰，脖子流淌著熱氣。短短一年，潔西已經是權力高層眼中的紅人，比待了六年的我還夯。

那個星期，我開啟全力鬥爭模式。我將潔西的一個招牌製作下檔，說我覺得需要另一種呈現方式，這傷害了她的聲譽和感受。更糟糕的是，我還用了女人不該在充滿男人的世界中使用的一種武器：性。

我在辦公室裡散布謠言，說潔西可能對握有權勢的人有點「太友善了」，我的謠言力道拿捏得恰到好處，暗示她與一位高級主管有染。當大家開始猜測這個主管是不是羅伯，我也沒有反駁。

謠言如加州野火般延燒。羅伯的妻子聽到了這些耳語，與潔西展開醜陋的對峙。不久後，潔西承受不了流言蜚語，收拾行李前往東岸。在這期間，我始終佯裝無辜。潔西在最後一次的談話對我說：「卡羅琳，小心眼是沒辦法為任何人提供成長養分的。」我一方面裝作聽不懂，一方面感覺她很孩子氣又愚蠢，還討厭她自作聰明的鎮靜。

然而，任何舉動都是枉然。我再也不受任何人的歡迎了。痛苦程度和潔西差不多的羅伯，更是直接槓上我。他說他非常失望，位居我這樣一個職位的人竟然會對年輕女性做出這種事情，而且我還是她的導師。我當然全盤否認，但是我感覺自己心裡的羞恥，是所有人都可以看見的，像螢光黃那麼亮。

我很想知道潔西是不是在羅伯的鼓勵下找了律師。總之，我生命中最糟糕的一年就這樣展開了。潔西提出申訴，主張自己遭到推定解僱並贏得賠償。她提出了所有相關證明，表示是我設計一切去陷害她。我所有的恐怖行為都被發掘、揭露。我因不當行為被公司解僱。多年的努力付出，全部毀於一旦。

我花了很長時間，才明白並承認自己的所作所為並不是一個卑鄙的小人，只是出於恐懼；儘管我的表現很像是個卑鄙小人。我害怕每個人都喜歡潔西、害怕沒人喜歡我。你不知道要把這件事情說出口有多難。跟潔西說就更難了。她從未回我的信，但我想，至少我已經表達了我的歉意。

我們可以這樣做

認識到恐懼在嫉妒時發生的作用後，卡羅琳才得以向前邁出一步，走出自己及他人所施加的道德指責。當然，她過去的行為很糟糕，但用恐懼來解釋，就都說得通了，儘管那些行為終究是錯誤的。

卡羅琳的「看見」和「面對」交流是這樣的：

皮帕：「卡羅琳，那段時間，妳是否感覺到與自己的心脫節得相當嚴重？」

卡羅琳：「我甚至連自己是誰都不知道。」

皮帕：「妳以前是什麼樣的人？」

卡羅琳：「哈！一個氣色很好，充滿熱情的創意大師。」

皮帕：「說一下，什麼是氣色很好？」

卡羅琳：「我充滿願景，每天都能發出綠芽。我隨時隨地都有各種點子和想法。做任何事都輕而易舉！我非常全心投入，心態也很開放。」

皮帕：「這個好氣色發生了什麼變化？」

卡羅琳：「我想我被灼傷了。環境比我想像的還要艱難，我震驚了。我只能被『指派任務』，並被高級主管和高層們愚弄了幾次，然後開始感覺自己受到威脅，變得被動……」

皮帕：「請多說說這個圖像。什麼東西被燒壞了？」

卡羅琳：「（長時間停頓）我想是我的柔軟——我那奇特的柔軟和女性氣質，被環境的高溫給燒光了。我感覺自己做不到，所以拚命錘鍊、逼迫自己，然後變得麻木，直到我像他們一樣冷血無情為止。我感到震驚。我甚至對孩子都失去了柔軟的心。」

皮帕：「冷血的卡羅琳能為妳帶來什麼？」

卡羅琳：「哦，很簡單。她可以保護我。」

皮帕：「還有什麼？」

卡羅琳：「（安靜的嗓音）她還提供了武器。我用了那些武器。實際上，我是致命的。我有毒。」

皮帕：「武器是幹什麼用的？」

卡羅琳：「因為我嚇壞了，我以為自己要被踢出去了。我以為他們恨我，我希望他們尊重我。所以我沒有給他們機會，我直接宣戰。」

皮帕：「卡羅琳，妳心裡的誰，給潔西寫了那封信？」

卡羅琳：「（悲傷地）我心裡的那個女人——那個頭腦不再發火的女人。」

皮帕：「那個女人現在會對冷血的卡羅琳說什麼？」

卡羅琳：「（安靜地）我認為冷血的卡羅琳已經鞠躬盡瘁。她不會再派上用場了。」

皮帕：「妳可以讓她休息嗎？」

卡羅琳：「可以。我不必再讓自己承受那種壓力。變成那樣，真的不值得。」

皮帕：「好。所以，現在如果妳感到恐懼，妳知道自己身上有一把榴彈發射器。」

卡羅琳：「（傻笑）呵。恐懼是一定會的。怕自己不討喜。還會因而筋疲力盡。然後冷酷的卡羅琳就出現了。這是我需要注意的地方。」

皮帕：「那是妳想特別注意的地方？」

卡羅琳：「那是我可以控制的，還有，我可以成為什麼樣子的人。是的，一個更鎮定、更柔和，仍然活力盎然的女人。」

這次探索，卡羅琳並沒有捏造自己，而是面對自己，以及使自己感到強烈嫉妒的原因。隨著對話進行，你可以看到卡羅琳開始「看見」並了解恐懼造成的改變。她並不想「解決然後忘記」。她試圖將注意力集中在最有用的地方，然後採用使她在未來能感到堅強、能幹而且又充滿最多希望的方式，重新詮釋自己的行為和故事（可用於重新詮釋——或稱「替代」——故事的更多想法，請見本書第十四至二十章）。

卡羅琳的故事還揭露一件事：她是如何開始了解環境以什麼方式去激發並加劇恐懼。卡羅琳想在殘酷、競爭激烈的工作場所立足，因此適應得非常徹底，最終完全迷失了自己、變得冷酷（或她自己說的「冷血」），甚至比與她一起工作的其他人都更嚴重。

因為卡羅琳將自己的世界視為與高級主管的鬥爭，所以當她的得意門生被邀請進入高層的世界時，她簡直感到天崩地裂。這也加劇了她身上每一粒害怕自己不討喜、被排斥和拒絕的恐懼分子。

當然，嫉妒可能發生在生活中的任何面向，而不僅僅是工作：在你的親密關係、友誼或與父母的關係中，甚至在網路——網路上又特別容易出現嫉妒。正如在第六章中已經提到的，嫉妒的根源在於害怕自己不討人喜歡，而恐懼的根源則在於害怕被拋棄。

過去你感覺到嫉妒之火冒出時，你可能會告訴自己，減少一些妒意就行了。這也是卡羅琳一開始的做法。但其實這麼做只能處理表面的情緒，而不是從根本面解決。

嫉妒最難的部分是會迅速遮蓋你原本清晰的思維與視野。給自己一些空間，讓它平靜、停歇下來，然後再好好了解當時的情況。一定要對自己保持溫柔，盡量不要批判自己。當你察覺自己心中的嫉妒之火開始逐漸出現，這麼做也可能很有幫助。第八章中的「看見」和「面對」問題，可以在這裡派上用場。

Chapter

11 完美主義

「現在你不必再要求完美了，做好就行。」

——諾貝爾文學獎得主、作家約翰·史坦貝克（John Steinbeck）

在我們的文化裡，有成百上千種模範榜樣。他們登上領獎台、領走獎杯、獲得誇獎，並把自己的成就歸功於完美主義。企業家史蒂夫·賈伯斯（Steve Jobs）、電影導演史丹利·庫柏力克（Stanley Kubrick）和網球選手瑪麗亞·莎拉波娃（Maria Sharapova）等人都談過他們的完美主義。毫無疑問，嚴格的標準，再加上大量的才華（如果不是天才的話），才是他們如此出色的原因。

設下高標準或全力以赴並不是壞事。但是，這和完美主義之間有重要區別。前者的基礎是避免失敗，後者的基礎則是害怕**成為**失敗者。

前者的驅動力是朝成功邁進，後者的驅動力則是逃離失敗。以我的經驗而言，逃離失敗的欲望確實也能大幅激勵一個人，也能帶來諸如高標準、紀律和額外努力等影響，以免自己淪為平庸，同時也使機會雷達不斷成長和擴展。

但是，如果你擔心自己**成為**失敗者，你只會感到頹喪，而非振奮。你會將任何失敗視為個人缺陷。完美主義會帶來嚴厲的自我批評，無止境的比較和失望，就算你這輩子都沒有輸過也一樣。害怕失敗的心態，只會讓原本把事情做好的過程，變得壓迫又抑鬱。

我已經見識過許多完美主義者的成功。你也很可能會從完美主義中獲得一些成果。學者們不停來回辯證完美主義究竟是好是壞，能發揮作用還是根本毫無益處。但是，他們討論的重點往往是結局和成就的好與壞，而不是對心靈有無幫助和充實與否。

問自己一個重要的問題：是什麼在推動我的完美主義？是害怕失敗嗎？想要達到真正的充實，就必須用目標和熱情來推動完美主義（請參閱第十五章），而不是恐懼。

就像所有恐懼的情況，完美主義也不喜歡被攤在陽光下。如果你試著讓完美主義曝光，它就會掙扎扭曲，然後重新包裝自己，讓自己看起來不錯而且很有價值。你會告訴自己完美主義幫助了你應付一切，是完美主義在一路上的督促，讓你達到現在這些成就。但完美主義不會告訴你的是：它一路上也不斷讓你的生命消耗殆盡。

你會在以下故事中看到這種情況：完美主義被偽裝成唯一能夠實現目標的方式。艾米莉是一名優秀的游泳選手，八歲時就參加了奧運比賽，雅克則是她的完美主義爸爸。

◆雅克的故事：「我希望我的女兒完美無缺」

我失去了她。我失去了我的寶貝女兒。艾米莉還住在家裡，我每天都看見她，但她從來沒有正眼看我。她的笑容是假的、勉強的，就像她在大家族的聚會裡對一個不熟的人露出的微笑那樣。當我試著擁抱她時，我可以感覺到她的身體僵硬，好像想要趕快掙脫。她媽媽說我反應過度，她才剛滿十七歲。但是我很清楚自己的女兒在想什麼。

她告訴媽媽，我「偷了她的童年」。這句話簡直要我的命，因為，過去她曾是我的全部。我不知道自己是否能夠恢復過來。我真的很愛她，你知道嗎？而我們現在竟然不能談談這件事。

我和這孩子一起在汽車上度過了數千個小時，冒著雨雪和冰雹開車載她去訓練。鬧鐘會在凌晨四點響起，但我從來毫無怨言，因為她可以成為冠軍，可以擁有我從未擁有過、大多數人也從未擁有過的一切。你知道這種機會有多難得嗎？我從來沒有這樣的機會，但是這個機會在她手上。

艾米莉天生就是游泳好手。但是她已經兩年沒來游泳池了。

你本該看到她在水中滑翔，每種泳姿都非常協調，滑順而精準。她的轉體無懈可擊。她的手會以最美麗的角度切入水中，幾乎沒有波紋。她的姿勢完美，身體緊緻，腳掌輕彈。

游泳隊裡面有成群結黨、搞小圈圈的風氣。艾米莉很害羞，所以沒有真正參與其中，她只會和幾個朋友出去玩。我知道，所有的父母私底下都在進行比較和競爭，大家都是雙面人。有很多關於誰的孩子比較受教練青睞的閒言閒語——而我對這些很好奇。他們表面上對你很好，但我知道他們私下對我們的看法。池畔的鬥爭可說比水裡的競爭還要兇猛。

其他孩子有私人教練和游泳訓練營，但艾米莉並不是含著金湯匙長大的。基本上，情況就像是我和艾米莉一國，其他所有人一國。她就是有天賦，出類拔萃。以前每個人都說，艾米莉絕對會是最出色的那個人。我希望她無可撼動，達到別人一點都不能質疑的那種完美。我想我非常投入。

艾米莉的媽媽說，她十三歲半時開始走下坡。那時，她的體重增加了一點，我覺得她因此在游泳池裡的表現變得散漫。這種情況換成別人可能覺得沒什麼好擔心的，但我認為必須更努力督促才能保持她的動力。我就是那個非常關心、想確保她完美無瑕的人。我直截了當告訴她表現有失水準的事實，還要她應該一心一意只想著未來掛在脖子上的那塊金牌。我也要求訓練營的教練緊盯著她。

起初，她聽話並加倍努力。但是她並沒有展現出我想看到的那種階段性變化。我持續批評和督促，好讓她知道下一個要改進的地方。我告訴她，她還不夠好，如果她要當最好的，就得在十四歲前準備好，才能和世界一流的成人選手進行游泳比賽。

我想自己確實沉迷其中了。她不可以有一點懈怠，必須按表操課。這聽起來可能很刺耳，但這一切，我也都是為了她！

但一切都不管用。她的光環開始褪色。她在游泳池裡看上去像是洩了氣，沒有能量。有天在車上，我在指導她的時候，她說我在「損害她的自尊心」，她感覺自己像個機器人！毫無疑問，這絕對是某位愛管閒事的父母在胡扯。我告訴她，我是她可以信任的人，那些人可不是她能仰賴的。我永遠不會讓她面臨失敗。

當艾米莉剛滿十五歲時，在區域的比賽就全部鎩羽而歸。比賽那天我非常失望。她沒有用盡全力。她沒有展現超越對手所需要的殺手本能。

另一個其他地區的女孩前來參賽，狀態好得不可思議，所有動作看起來都十分容易。我看著她綻放光芒，開始覺得焦躁不安。我希望艾米莉急起直追。我可以感覺到所有煩惱都在我耳邊嗡嗡作響。在賽前的準備灣，我告訴她，隊伍裡的每個人都在關注著她，如果她不能完美地完成比賽、證明自己的才華，我會對她感到失望、以她為恥。我根本不知道這些話是從哪裡來的，就這樣從我的嘴裡蹦了出來。我絕對不會以她為恥。

她完全崩潰了，開始對我尖叫，很明顯是嚇壞了。我感到尷尬，我先要她冷靜下來，放聰明一點，否則就等著挨我一耳光。我簡直是年度最佳爸爸。我絕對不會呼她巴掌，但因為我說出這些話，她變得更加蠻不講理。

她說她恨我，還說如果我這麼哈金牌，就自己跳進去游。她說她不想變得完美，又說她不想要金牌，她想要生活，她想吃披薩——披薩？拜託，你怎麼會捨棄金牌去屈就一片披薩？

其他所有父母都聽到了。我敢打賭他們一定暗自竊笑、愛死這一幕了。我變得憤怒、對她大吼，但她不想進游泳池。她收拾自己的東西，換了衣服，然後和朋友的媽媽一起離開。

那是她最後一次游泳。我這個身兼教練的爸爸可說是徹底失敗。這是多麼可惜的事。

我們可以這樣做

你可以看到雅克如何將自己的完美主義投射到艾米莉身上。他不斷批評她，最終使她的自尊心完全枯竭，導致他們形同陌路。正是因為他如此害怕女兒的失敗，反而讓他更加沉浸在恐懼及焦慮裡——而實際上這些焦慮都與她沒有關係。其實，她想退出的反應是一種聰明的生存技巧。

幾年後，我與雅克談話，同時也與艾米莉會面諮商。她告訴我，她覺得父親看不見她、也聽不到她。她覺得疲倦又生氣。「整個『神奇女兒』的故事只是一大串謊言，他只把我看成可以為他贏得獎牌的游泳選手。」她說。

雅克迫切地想與艾米莉和解，卻又不知該從何做起，因為他根本看不清楚到底發生了什麼事情。他認為當時的問題在於自己太過嚴厲，沒有扮演好教練的角色。但真正的原因其實更早一步就發生了：他讓害怕失敗的恐懼占據了自己，同時也中斷了與艾米莉的聯繫；在他眼中，艾米莉只能是一個朝完美邁進的選手，其他什麼都不是。

雅克需要更深層的挖掘自己，看見，面對，找出其他動力去替代他的恐懼，才能與艾米莉重新建立聯繫。這就是為什麼艾米莉停止游泳後的前兩年，他都無法與她和解的原因。如果他沒有真正洞察問題，任何道歉都是草率行事而已。以下是我們談話的重點：

皮帕：「雅克，你現在身處哪個階段？」
雅克：「我還是很難過。我非常想念女兒。」
皮帕：「我可以想像。」
雅克：「妳知道嗎，她是天空中最耀眼的星星。」
皮帕：「你也是天空中的星星嗎？」
雅克：「我嗎？我不是。（深呼吸）我絕對不是任何人天空中的星星，（一陣漫長、激動的沉默）我比較像住在地牢裡。」
皮帕：「可不可以多說一些關於地牢的事情？為什麼會有人住在那兒？」
雅克：「（深呼吸，不舒服地在椅子上挪動身體，語氣憤怒）因為沒有光線。」
皮帕：「他們不想被人看見嗎？」
雅克：「不。（長時間停頓）不，我覺得他們不想。」
皮帕：「在地牢裡是什麼感覺？」
雅克：「我討厭——我討厭這種談話。（由於他拒絕回答我的問題，所以談話一度中斷。他努力想像地牢的感覺）牆壁又黏又冷，裡面潮濕狹窄，散發著腐爛的味道。你不能好好呼吸。」

皮帕：「裡面還有誰呢？」

雅克：「每個失敗者都在那兒。」

皮帕：「好的。我聽了也怕。」

雅克：「那裡可不是什麼打發時間的好地方，絕對不是。」

皮帕：「所以你才想確保艾米莉不會進去地牢？」

雅克：「（震驚，盯著我一段時間，然後把臉埋進手中，大聲地呻吟）噢，我的天哪。」

皮帕：「她不屬於那裡嗎？」

雅克：「一直以來，我都不想讓她變成像我這樣的失敗者。」

皮帕：「如果艾米莉輸了，會發生什麼事情？」

雅克：「（最長的停頓）她不是地牢裡的人。這孩子無論做什麼事情，都會是閃耀之星。她很棒。她做什麼都能讓我開心。」

皮帕：「我想知道，你們在天空和地牢之間，能不能找到可以一同遊憩的中間地帶？」

雅克：「這就是我要找的！一個可以見到彼此的空曠好地方。」

皮帕：「聽起來是個不錯的計畫……」

高標準和完美主義的差別

值得注意的是，重點不在於對錯，也不在於診斷或修復雅克和艾米莉遭遇的事情。如果我們太快帶過事情發生的過程、直接開始對症下藥，就會錯過解讀更深層、屬於靈魂和行為的意涵。

他描述自己的恐懼所用的圖像是，他身處在一個陰暗無光的地牢之中，是個失敗者。而他形容與女兒重新見面的圖像也很輕易地吸引了他。那是他與女兒之間，心理上的公開區域。在那裡，他們可以重新敘述彼此的關係。他必須走出他的「洞穴」，以父親的身分，在那裡與她見面，而不是以一個激動、恐懼的地牢居民自居。若是沒有這個圖像，我們可能永遠不會知道，原來他一直把自己放在地牢裡，自認為失敗者。

就像虛構的地牢一樣，完美主義是雅克的藏身處。如果他能使艾米莉成為無懈可擊的人，如果他能證明她是完美的，世界對艾米莉來說就會是「安全」的，那麼他也許就會覺得安全。

就像上一章的卡羅琳一樣，雅克處於高度恐懼的環境。他形容泳池畔的感覺比在水中更充滿競爭性。小時候，他收到的資訊讓他認為自己是個魯蛇，所以才會有過度控制和追求完美的情況。然後，泳池邊的環境使他更不願意放手，但這回緊抓的對象是艾米莉。

以雅克為例，他的完美主義投射到了女兒身上，但人們更常因此而給自己設下無法觸及的高標準。你該如何判斷自己是完美主義者，或純粹只是拉高標準？答案在於感覺。

你是否可以像雅克一樣意識到自己，是極力避免「成為」還是被「視為」失敗者？至於你信奉的是不是充滿破壞性的完美主義，另外一個判斷的線索是：當你錯過為自己（或其他人）設下的目標時，你就感覺需要提高控制和自我批判的強度。

Chapter 12 自我批判

人人都有一把批判的尺。你有，我也有，而且我們也會受到批判。我們整天都在評判各種人事物，而且是每一天。「他很好，但她很壞」「他們像我們一樣，但是那些人不是我們這一國的」「她是盟友，他是威脅」「這是對的，那是錯的」「這很划算，那很坑人」。

我們之所以這樣做，是因為我們的心思已經塞得滿滿的，把環境簡化為非黑即白，反倒成為一種解脫。批判本身不是問題。實際上，批判非但不是個問題，還正好相反：它是一種生活技能，可以幫你做出決定並得到結論。批判是根據想法、感覺和證據形成意見。

那麼，像批判這樣一種普通的習慣，又是如何變得有害呢？

有時我們會以正面角度解讀判斷某件事情，但事實上，我們其實更常往負面的角度想。當恐懼支持我們所做的判斷時，判斷就不再是出於減輕心理負擔的欲望，而是應付我們感知到的威脅。

恐懼的其中一個來源，是我們的心中許多不經意的偏見。這些後天習得的刻板印象根深蒂固，使偏見變得非常有力。其中針對種族、性別、權力和特權結構以及宗教所抱持的偏見是最恐怖的，也是最普遍的。

例如，如果你是男人，你在推開一扇門時可能不經思考就會先幫女人扶著門，但若跟在你後面的是個男人，你可能不一定會有同樣的舉動。女人可能有能力自己推開門，但你的偏見告訴你，身為男人的責任之一就是保護女人。

扶住一扇門當然不是問題所在。關鍵是，就算你的舉止可能禮貌又友善，背後可能仍會對男人和女人在角色和能力上的差異產生偏見。

帶有這些偏見，我們就更有可能對他人做出負面評價。這還會導致部落主義（「像我這樣的人是最好的，跟我不像的人比較差」）和稀缺的心態（「好東西不夠分，所以務必趕快搶到手」）。

政治和市場行銷活動的基礎之一，偏偏就是發揮我們無意識的偏見和恐懼。例如你可能還記得德蕾莎・梅（Theresa May）在二〇一三年擔任英國內政部長時所推行的貨車廣告企劃：繪有「回老家，或被抓」（Go home or face arrest）標語的貨車，穿梭在倫敦六個自治行政區裡頭。這則廣告宣傳的目標是要創造一個「敵對環境」讓非法移民自首，但你也可以將其視為保守黨利用選民的恐懼，將移民分化為敵人和「他們」。

想要做出「公正」的判斷，也就是判斷過程中不帶有過度恐懼，你就必須仔細查看自己的偏見及偏見背後的恐懼。

對他人的負面判斷（即批評）是一種權力博弈的形式。在具有自私自利、超級個人化的文化或組織裡頭——特別是高層人士篤信「你不吃人就是被吃」的遊戲規則時——批評就成了一種近身接觸運動。批評者暫時占了上風，感覺自己很聰明、很重要並且掌有權勢；而被評判者則非常困惑，或開始尋找掩護。

還有另一種批評，可能是最激進卑鄙和最耗弱人心的一種批評，因為這種批評直接來自你的頭腦。沒有其他聲音比自我批評更加強烈地損害你的潛能和野心。當然也沒有人比你看得到更多自己的過失，或是比你更輕視和貶低自己。

你甚至還可能將自我批評向他人宣洩。像是我媽媽就曾設計一套罰款制度：她每次自嘲就得付我一英鎊（我還會誘使她更常自嘲）。她偶爾也會從我這裡賺回去。

其他人則會隱藏內心的對話，包括那些不加過濾的負面情緒，像是自己不夠好，或者在某些方面不討人喜歡——我太愚蠢、太胖、太瘦、太醜、太窮、太沒經驗、太過不同、太不協調、太沒用……

在下面的五個故事，你會在其中兩則故事看到批判來自外界，但人們開始相信並將其內化，從而將情緒導向內心。另外三則故事，則是讓外界情況觸發了既存的內心批判。

◆莫歐的故事：當好玩變得不好玩

「伙計，開個玩笑罷了。不要那麼玻璃心，小公主。」

這種互動經常發生在莫歐與新任教練的溝通。被嘲笑時，莫歐覺得自己應該受得了。一開始他確實忍住了。

但是當戲謔者表現出種族主義的意味時，他的確開始掙扎。他的教練曾經這樣說過：「笑一個，伙計，如果我們看不到你的牙齒，晚間的比賽怎麼知道你有沒有越位。」還有，

「就算你這週練跑的時候跑得飛快，伙計，這場比賽我還是不會讓你踢翼衛。但別帶你那些貧民窟兄弟來找我碴喔。」

一開始，莫歐表達了自己生氣沮喪的事實，但他感覺這只會讓戲謔者變本加厲，批評得更尖酸強烈。而且所有評論都是用輕鬆的玩笑語氣所講，也很難抓到足夠的把柄去回應。當他被叫去拿錐筒障礙物，或是留在後方幫大家拿訓練用的反光背心時，他都能感到自己被針對了。這感覺很幽微，但他的本能告訴自己，如果他抱怨，只會換來更多捉弄。

教練的評論開始破壞了莫歐在訓練時的專注力。他提心吊膽，隨時等著下一個批評。一旦有批評出現，他都試著轉移注意力、以大笑帶過，但他的內心卻深陷其中。

更糟的是，他感到孤立、孤獨。他不明白，為什麼隊上沒有其他黑人或白人球員站出來替他發聲。其他人都覺得這種捉弄沒問題嗎？他發現自己無法與球隊裡的成員建立友誼。莫歐甚至覺得太丟臉而不敢告訴家人，他知道媽媽會直接去找教練理論。但是他擔心之後會發生的事情——這個陰影將隨著他在團隊裡的日子糾纏下去，或是再也不會被教練選派上場。

莫歐的感受需要找到出口。在整個賽季中，這些感受越來越往心裡深處扎根，同時產生自我批評、削弱了他的自尊心。隨機出現的折磨越來越嚴重，他感覺自己就像一隻被丟進鍋子裡的青蛙——俗話說的「溫水煮青蛙」——被慢慢煮熟致死。他內心的批評之聲說：「他們恨你，離開吧。」「你真可悲。你應該為自己站出來，但你是個失敗者，不夠男人。」他的隊友則與他保持距離，以免被當成「戲謔集團」的一員。

有一次，他真的對教練做出反擊。

那天，饒舌歌手德雷克（Drake）的音樂在球隊巴士中響起。「你的兄弟上嘍啦，老鄉！」他的教練說。

「教練，你為什麼要一直說我是黑人？你嫉妒？」他帶著假笑說。

他的教練直視他，回答道：「伙計，別打種族主義牌，我只是想和你拉近關係。這就是足球的真諦。你只需要繼續頂著你的非洲爆炸頭就可以了。」

莫歐內心的批判之聲又出現了：「你永遠不會跟他們打成一片的，你這個失敗者。」

我們可以這樣做

當我和莫歐談話時，感覺到他陷入困境，好像一直承受著無形的壓力，不能好好走動、舒緩筋骨。他陷入了負面情緒和自我懷疑，我們的對話則幫助他看到自我批評背後的恐懼。以下就是談話的概略內容：

皮帕：「這段時間，你辛苦了。」

莫歐：「嗯。我不知道從哪裡開始說起。」

皮帕：「或許就從描述你的感受開始吧。你感覺如何？」

莫歐：「累壞了。我已經筋疲力盡了。」

皮帕：「怎麼說？」

莫歐：「我隨時都要保持警惕，好像隨時都有事情要發生一樣。」

皮帕：「是的。能再多說一點嗎？」

莫歐：「我知道聽起來很怪，但我幾乎感覺自己被跟蹤了。好像每分鐘都有人靠近，然後跟著我似的。」

皮帕：「是的，聽起來確實很累人。跟蹤你的是什麼樣的人？」

莫歐：「（停頓）妳知道，日落前，人的影子都被拉得很長吧？有點像那種影子。那種影子的手指細長骨感，可以隨時刺進我的肋骨，大而長的腳掌則會絆倒我。」

皮帕：「如果你被絆倒了會怎樣？」

莫歐：「嗯，呃，看起來會很蠢。（暫停）我看起來會像個白痴，不是嗎？我已經看起來像個白痴了。」

皮帕：「跟蹤者糾纏著你，你認為他想從你那裡得到什麼？」

莫歐：「（暫停）也許他想看看，我夠不夠好。」

皮帕：「在哪方面呢？」

莫歐：「（長時間停頓）好吧，我覺得我的足球夠厲害，所以一定不是足球方面的問題。雖然我不夠愛現，但我也不會在意錯失某個機會。只是，我就是不善於站出來、被別人重視，該怎麼辦？不夠像個男人？」

皮帕：「是不是因為有個『不夠好』的男人，一直糾纏著你？」

莫歐：「是的。是的，我想就是這樣。種族主義根本不對，還使我煩惱得要死。但我就是沒辦法站出來對抗，我很沮喪。我很擔心自己沒有骨氣。」

皮帕：「我猜，很多人都知道這確實不容易做到。你認為，你心裡的誰可以勝任？」

莫歐：「（停頓）我剛上學的前幾個星期，有個高年級的孩子在排隊領晚餐時，欺負一個瘦弱的中年級小子。那小子忍著痛苦。雖然我也是個中年級生，但我還是上前把霸凌的傢伙推開，槓上他，告訴他不要再當個白痴，該長大了。每個人都笑了，這讓他非常尷尬，他也沒再騷擾這個孩子。這個孩子並沒謝謝我，只是走了出去。沒關係的。我覺得我想要投射一道光，揭發那個大孩子的不公行為，這確實讓他住手了。我感覺很好。」

皮帕：「聽起來，你現在可以當那個投射光線的勇者？」

莫歐：「完全可以。這種事情需要打一點光，不是嗎？我認為是。」

皮帕：「好的。那麼你心中的誰能夠做到？」

莫歐：「排隊領晚餐的孩子可以。」

皮帕：「然後，跟蹤你的陰影也許就不會那麼大了？」

莫歐：「當然。陰影無法在光線底下生存。」

你會發現，莫歐從原本擔心自己不夠好的狀態，將自己轉變成了一名「打光者」，來揭露黑暗、隱蔽和潛藏人心深處的種族主義文化。

莫歐行動了。有一天，訓練後，他鼓起勇氣來到教練身邊。莫歐告訴教練，如果教練又在比賽或訓練過程中發表種族主義言論，他就會私下找教練，點燃一根火柴並定睛看著教練，直到火柴燒完為止——以提醒他，種族主義是灼人的。

他真的做了。第一次，教練爆笑出聲，仔細打量他。第二次，教練覺得不舒服，試圖走開。到了第三次，教練道歉了。莫歐也不需要再點燃火柴了。

◆哈潔特的故事：「我總是在自我懷疑」

哈潔特是一位經驗豐富的高級主管。有一間大型商業房地產仲介商看中她，將她從其他產業挖角過來，希望她能為公司帶來改變。過去的紀錄顯示她不怕惹惱別人，而且也擁有實績。

當她接受這個職位時，並不確定這個組織是否能夠包容多元開放的企業文化，但這畢竟是一個知名公司，這樣的機運實在機不可失。當她逐漸接近並達成目標時，人們開始點頭稱許。但是，當她開始受到重要人物注意時，公司裡的老鳥立刻快速採用隱微的批評煞住她。她聽到的說法有：

「妳得慢慢努力才能累積名聲。」

「有些人比妳待得久多了，他們可沒那麼大嘴巴。」

「妳是新來的，我不認為妳了解這個產業的運作模式。」

「我知道他們認為妳做得來，但，老實說，他們不是專家。妳還有很長的路要走。」

「妳似乎想保持高調。這種事最好讓有經驗的人去做。」

「妳剛加入時，這些計畫就已經進展順利了。」

「妳應該了解我們對『謙卑』的重視程度，哈潔特。在我看來，妳應該等到有人問妳的意見再發言。」

「別人在這個地方待得久是有原因的。察言觀色而後行。搞清楚誰是誰。」

「摸清這些話的背後意涵並不用花太多功夫。」她說。「他們就是要妳退後，下去。」

這些批判讓她開始不斷地自我懷疑。她很難安心領導或完成工作。當她走進一個房間，她會看到老鳥眼神迴避，與旁人竊竊私語。

她的恐懼升高。「為了安心，我開始對自己所講的內容保持高度警惕。我也注意到自己比較少說話。除了困惑之外，我還開始感覺不滿與過度擔憂。我對這個地方的感覺變了。我還感到受限、無力。我不知道是不是我的問題，但我以前從未經歷過這種事。我感覺唯一的選擇好像就是乖乖閉嘴。

「我也開始對同事的行為產生自我懷疑。我會想：也許他們對我都有這種感覺？他們都恨我嗎？我太特立獨行了。我可能無法勝任這份工作。也許我該前往下一站了。」

當哈潔特始形容自己害怕受到批評時，她所用的圖像是感覺自己成了被鎖定的獵物。

「我很小，是被追捕的獵物。我是躲在高大蘆葦和草叢之中的弱小動物。我試著判讀自己該怎麼走，但我迷失了方向，不知道該去哪裡，也不知道為什麼要去。掠食者在所到之處留下很多足跡，我知道牠們仍潛伏在我身邊觀察一切，準備伺機猛撲上來。我知道我必須前進，因為這裡不安全，但我更想挖個洞把自己埋起來。我想去別的地方。」

一旦哈潔特能夠看到並理解她的恐懼如何發揮作用，她就能開始研究繼續前進該採用什麼有用的做法。

哈潔特在心裡把自己想成是來訪的「教育家」，以替代心中被評判的恐懼，並向老鳥展示了他們掠奪性的用語和行為如何阻礙自己的表現。這麼做時必須為自己注入很多勇氣和自我憐惜，但是也讓她感覺人生徹底改變，並為自己注入信心。

她也找上了幾個主要的「掠食者」，與他們一對一交談。她雖然很焦慮，但還是盡力讓自己的態度維持開放、真誠和溫暖。她也努力保持眼神交流與鎮靜，並告訴每個男人，當她聽到他們的評論時，總感覺自己不受歡迎；這開始讓她萌生離開或退出的念頭，也影響了她的表現。但是她還是想為他們與公司把事情做好。

人們無疑對她的誠實感到驚訝。但是由於哈潔特直接且謹慎地處理這些話題，所以對方的受威脅感會跟著降低，其中一些人也認真聽取了她的想法。有一個人回答說他從沒那樣想過，另一個人則說，他覺得自己是幫助她堅強、好讓她適應這裡的文化，但現在才明白原來他的話並沒有達到預期的效果。

勇敢的對話幫助哈潔特「教育」了自己的同事，並使他們的行為更小心、謹慎。這麼做也讓人知道她不是軟柿子。這是很強有力的，因為她已經預見自己在整個職業生涯都會站出來打抱不平，而且對自己和他人充滿熱情與同情心。

◆約翰的故事：「我感覺自己的愚蠢印在頭上」

「如果你閉嘴，沒人知道你很笨。」這就是約翰在童年時期奉行的教條：無論是在學校操場、家裡餐桌前，或是與隊友踢足球的時候。雖然這句話不一定——至少大部分時候——針對他，但這依舊成了他內心深處最愛對自己說的話。

整個學生時代，約翰都拚命逃避上台講話。這是他最大的恐懼，因為他覺得自己一定會搞砸，然後大家都會說他是個白痴。他總是在教室後面徘徊，內在批評聲不斷在腦海大放厥詞，好像是用麥克風廣播一樣。

約翰長大後成為一個謙虛、聰明和愛發問的人，他也是個充滿才華的獨立工匠。他很有自己的觀點，但是內心的批評聲仍讓他感到退縮且焦慮不安。他常以觀望取代行動，寧可假裝自己沒那麼厲害，也不想冒險說出「蠢話」。

當某人向他介紹自己的職稱頭銜時，他內心的批評聲音就會說：「你跟這種人完全講不上話。他們比你重要得多了。」

成年後，約翰大部分時間都是獨自工作。直到他三十五歲時，突然獲得加入當地的前衛藝術家團體的機會。他的妻子和家人都鼓勵他加入，認為他能獲得應得的認可。當然，獲得認可的想法使約翰感到恐懼。

最終，他還是同意了。他緊繃著一顆心來到社區工作坊。第一天早晨有個小組聚會，大夥圍坐在工作間巨大的橡木桌旁，一起聊著天、喝著咖啡。約翰覺得自己的自卑感像是被人用黑色墨汁刺印在他的額頭上。他只想保持安靜，但心裡的恐懼卻讓他渾身僵直，只好以雙手緊緊握住咖啡杯，希望不要引人注意。

這時，桌旁一位藝術家開口和約翰聊天。他是一名雕塑師，曾在倫敦學習並在義大利工作。他倚在桌邊對約翰說：「約翰，我真的很喜歡你的作品，質感粗獷真實。」

約翰內心的批評聲立即將這句話翻譯為「拋光差勁，土裡土氣」。

「哦，這很普通。」約翰急忙吐出一句，聳聳肩微笑著。他內心的批評聲又說：「別說話，你聽起來很笨。你完全是自欺欺人的騙子，不是科班出身，只懂皮毛，對這個世界一無所知。」

當約翰開始探索他的恐懼感時，他想到的是一幅沙漠般的風景，炎熱而無情，沒有半點陰影。他描述自己在那些比他「更好」的人身旁時根本說不出話，就像沙漠植物的果實，即便擁有一切滋潤富饒的養分，卻寧可被藏在尖銳多刺、仙人掌般的外殼內，就能保護自己不被「看見」。

約翰花了很長時間去面對並放開他的恐懼。自我批評的習慣已經根深蒂固，所以他花了一段時間才釐清自己付出多少代價。最初他認為恐懼只影響了自己，後來才明白原來恐懼經常讓他選擇畏縮退出，而不是向外提供協助，也影響了其他人。正是認清了恐懼自私自利的本質，才打破了約翰的心魔。他之所以能夠跨出恐懼的陰霾，是因為他發現自己希望被視為慷慨大方的人，這個願望超越了躲藏起來的欲望。

現在他已經有了改變的動力。他不再回憶那段自己是蠢蛋、沒人想聽自己講話的往事。他不再私藏那些理當分享出來的思想養分，還轉而投向更慷慨的價值觀。在與我會談的時候，他將自己未來的圖像改成在「綠洲」飲下思想之泉的人們。這代表他可以開始將自己的點子和想法，視為幫助他人，而非讓他人占為己有或專為己利的一種方式。

如果你的自我批評聲量很大，而且支配了你，那就問問自己，這種聲音是不是阻礙了你幫助其他人的願望？也問問自己，你提供的意見和資訊可以為外面的世界帶來什麼？是否包含你深切珍視的東西？像是約翰十分重視的慷慨大方？即使你一開始還沒辦法壓下自己內心的批評聲浪，但隨著時間過去，你珍重的價值觀會鼓勵你踏出那一步。

自我批評會使人筋疲力盡。請務必記住，對自己保持溫柔，每天都要稱讚自己的進步，並且試著僅以事實而非意見來應對事情。

◆米莎的故事：「不讓任何人看到我醜陋噁心的身體」

在一次性感的簡訊交談中，年僅十七歲的米莎給了男友喬伊一張自己的Snapchat裸照。

她知道這有些冒險，但她信任男友，那時兩人正在熱戀交往中，她覺得興奮無比。米莎認為那張照片應該已經消失在網路黑洞、再也看不到了，但是，儘管喬伊向米莎發誓他不會保存照片，但卻把照片用擷圖的方式存了下來。

出於炫耀的心態，喬伊把照片展示給他好朋友看。沒多久，那個朋友趁著喬伊沒注意時拿起他的手機，將照片傳到自己的手機裡。喬伊可能知道自己做錯了——而且錯了兩次——因為他覺得朋友的舉止變得可疑。他生氣了，要脅他的朋友，叫他立即刪除照片。

喬伊擔心朋友會轉寄或保留照片，儘管朋友說沒有這麼做。喬伊覺得米莎一旦知道自己所做的事情肯定會甩了他，但他良心不安，所以還是決定告訴米莎。

米莎知道後，身心受創。她擔心照片可能被挖出來公諸於世。但她臉頰發燙地說，最糟糕的其實不是人們會看到他們的性感對話，甚至也不是他保留照片的舉動，而是人們會看到她「醜陋噁心的身體」。

米莎似乎並不太在意喬伊竟然擷圖保存還分享給朋友的事，這讓喬伊鬆了一口氣。而他不敢相信的是，她最擔心的竟是怕別人看到她的身體。「寶貝，妳看起來太讚了。」他說。「這是最不需要擔心的事。」他困惑的是，明明做錯事的是他，她卻責怪自己。

照片並沒有被公開，但是喬伊的朋友又告訴了其他朋友這張照片的事。其中一些人開始對米莎開玩笑，問她是不是也會傳 Snapchat 照片給他們，米莎的恐懼立即內化成了粗暴的自我批評和恥辱。她內心的聲音對她說：「妳到底在想什麼，妳這騷貨！妳是白痴。妳最好自己上網把下垂的奶子、乾燥脫屑的皮膚和噁心的橘皮組織貼給大家看。喬伊只是在利用妳，但妳也只有這樣做才能擁有男人的心。現在好了，別人永遠不會跟妳認真了。」

當米莎談起這件事，為自己的恐懼和羞愧找到一張圖像，她說：「感覺好像蹦出了我的身體，把我整個人都染成紅色。發紅的臉龐向所有人展示了我內心深處的自卑和不足。我感到自己的尷尬和恐懼都暴露在大家眼前，我的皮膚滿是紅色斑點。我寧可化為灰燼，也不想每天都感覺自己彷彿被活活燒死。」

實際上，她還說儘管照片沒再出現，只有一小撮男孩發表那些糟糕的評論，但她覺得自己好像全身赤裸地暴露在大庭廣眾之下。

這張照片只有喬伊和他的朋友看到，但米莎仍身處痛苦中（被灼燒著）。她之所以受苦，是因為她的恐懼變得惡毒而且內化了。她必須找到出口。

隨著時間流逝，米莎創造出一個新的圖像：每次臉紅時，她都會釋出一些恐懼和羞恥，讓這些感覺從皮膚蒸散出去，這麼做也為自我疼惜和愛提供了更多的空間。最終，當她臉紅時，她開始覺得感激。她甚至轉投文學的懷抱，尋找「恥辱寄託」。最後她發現詩人馬雅．安傑洛（Maya Angelou）的名言「懂得越多，表現越好」，這句話也成了米莎的座右銘。

◆賽倫的故事：「我不像個真正的母親」

賽倫似乎無法為剛生下的寶寶詹姆斯餵母乳。她向助產士、母親以及有更多經驗的朋友尋求協助，所有人的建議都是「繼續嘗試」。

賽倫嘗試了很長時間才懷孕，這個孩子是千辛萬苦盼來的。整個懷孕過程中，她承受巨大的壓力，希望一切都正確無誤，所有過程的每個部分都要求自己做到「最好」。

她讀遍各種書籍、參加各種課程、喝了無數杯蔬菜汁，這些自我要求一直持續到接近分娩時仍未減少。她也承認，隨著分娩時間逼近，自己的控制欲變得更強，對於分娩過程，她也有一份詳細的計畫。

但，最終分娩沒有按計畫進行，她被迫緊急剖腹引產。詹姆斯出生時很健康，但她總認為自己沒有「正確」分娩，沒有經歷過自然的「生產儀式」，脫胎換骨成為真正的女性。不過她把這種挫敗感隱藏起來，不想讓任何人看到，試著把注意力集中在懷裡的寶寶。

經過自己的調查，賽倫明白新手媽媽經常感到不知所措，但是她的高度自我要求加上倦怠感和激動的情緒，最終還是把她拖垮了。她自認是個能幹又成功的女人，但是母親這個角色遠比她想像中困難，因此她決定施加更多的管理和控制。

無法親餵母乳——她認為這是照顧嬰兒的絕對基礎——讓她感到自己根本沒有達到標準。她批判自己，認為自己沒有完成一生中最重要的工作。

賽倫的助產士對於餵母乳設有嚴格教條，她說沒有任何食物可以替代母乳，那些替代品不利孩子成長。這些話簡直像是給賽倫的內心批評者提供了足夠擊垮自己的火箭炮。恐懼開始加劇：她還不夠好。甚至連孩子也會因此被影響，連帶變得不夠好。

賽倫也感到羞愧。她想：「妳做不到這些原本就是每個媽媽都能做的、單純又基本的人類天職，妳甚至根本無法正確分娩，妳一定有毛病！事情一定要做對才行！如果不能做對，妳就是不合格的母親。」

她的兒子沒有得到足夠的食物，不斷哭泣。賽倫責怪自己無法餵飽或撫慰他。她開始害怕餵奶，每次餵奶時都會對自己的身體生氣，強烈地批評自己。為什麼在餵母奶這件事上，有時就是有各種原因、甚至包括天生的生理因素而無法進行呢？她無法接受。

最後，詹姆斯的體重連續幾個星期下降，助產士開始介入。她發現詹姆斯無法正常吮吸的理由是唇繫帶和舌繫帶過短。

當賽倫開始探索自己對於餵母奶感受到的恐懼和羞恥時，她眼中的圖像是自己在又濕又熱的沼澤中徘徊，不斷驅趕那些叮咬她的臉、胸和頭皮的蚊子。她想去涼爽的地方躲一躲，好讓自己平靜下來，但卻在沼澤中越陷越深、無法到達。她現在需要的是放慢腳步，用不同的步法前進，才不會繼續陷在沼澤裡頭。

賽倫有辦法以新的觀念取代無法勝任母職的恐懼，如果需要的話，她確實有能力穿過整片沼澤。實際上，她什麼都撐得過去，她懂得如何忍耐和堅持。她非常頑強；她說，大多數人陷入水中的時候，她早就已經準備好防水靴了！

她發現自己的控制欲有多強後，便決定當一個「捕捉美麗大師」；她說要努力從自己和嬰兒的生活中發現並看見美麗。

這個任務幫助賽倫解開心中的顧忌，並用更概括的標準將自己重新詮釋成一個夠好的媽媽。她開始刻意將美麗帶進周圍的環境，包括從與他人談話到自己使用的語言，在家裡，在自己的心裡。她所追求的美麗充滿各種可能，例如在日落時分到戶外散步、觀賞月亮、駐足聆聽鳥鳴，或是讓自己的房子充滿色彩和質感。她針對美好的一天和美好的母親該具備的元素重新想像了一個敘事，這麼做，讓她內心的批評聲音平靜不少。

自我批判只會影響前進的腳步

前面提到的這五個人，其實都不該承受他們所經歷的破壞性批判和自我批評，但他們都被自己的批判性思維所束縛，直到刻意改變看法後才終於脫困。圖像幫助他們脫困了。

這些故事讓我印象深刻的是，一個人因自我批判和受到批判時產生的恐懼，損失何其多。他們失去了時間、信心、機會、尊嚴、健康和風采，以及大量的精神能量。

這些情境是不是讓你覺得很眼熟？你是否發現自己以破壞性的方式在評判他人？還是

他人的批判已讓你偏離正軌？批評就像魔鬼氈一樣，雖然我們的理性知道這些聲音並非事實，卻依舊很難看透那撲朔迷離的表面。但是無論你的批判是關於自己還是其他人，對於處理恐懼而言，都是錯誤的策略。這就是為什麼故事中的主角們發現，從更多方面看出恐懼如何接管自己的敘事，是非常有價值的事。

你還可以看到這幾個人用圖像法描述自己發生的事情，以及他們的批判底下究竟潛藏著什麼、對他們產生多麼強大的影響力。請重新閱讀第八章中的「看見」「面對」部分，開始思考自己或他人的批判可能存在的問題。

這些故事的意義

我希望這些故事，能幫你開始看見自己的恐懼。人通常只在感到非常痛苦或陷入困境時——像是雅克與女兒疏遠、卡羅琳丟掉工作、傑克涉及酒吧鬥毆——才會開始看見自己的恐懼。但是，如果你能在恐懼湧現時當機立斷地解決，就可以少吃許多苦。

要面對並看見你的恐懼如何影響自己和其他人，並不容易。但看見恐懼並沒有比掩蓋、掩飾或假裝沒有恐懼更困難，原因就在你前面一路看下來的例子中：長期以這種方式生活，只會讓自己枯竭。

你需要一種特殊的勇氣，那就是勇於脆弱。請勇敢說出：「我感覺自己在犯同樣的錯誤」或「我認為我之所以想逃避這種機會，是因為我內心深處有恐懼」。任何人過度逞強之際，都有可能發現自己看待恐懼的盲點，男人更容易如此，因為在文化脈絡之中，恐懼與軟弱有關。但，實際上，看見和面對自己的恐懼，在情緒方面來說，絕對比硬撐和忽略更難，也更需要勇氣。

下一章，我們會談談你在成長、變化和面對恐懼時，可能會經歷的跌宕起伏。

Chapter 13

抽絲剝繭，破繭而出

當人們在處理面對恐懼的歷程時（例如你前面讀到的故事），他們很難讓人知道自己在這當中有多麼掙扎。但是，在我們的內心和與人的對話中，所面對的掙扎和混亂，應該和你的成就成功享有同等地位。這些都是你生活中有根據的、有意義的部分，我們不該一味地掩蓋。

現在你已經知道，恐懼是如何從外部和內部產生，而且可能也已經了解恐懼的樣貌。但可能有時還是會感到有些混亂。那是因為，混亂也是人生的一部分：畢竟，人生有光明與黑暗，有好也有壞，有奮鬥和榮耀，有痛苦也有歡樂。沒有人能解決所有的事。我們也不應該以此為目標，因為這種理想是錯誤的。

因為我們的適應能力很強，所以人類得以持續進步和成長。我們是可以改變的，就連我們的大腦也可以改變。我們可以完全參與其中，順勢推動自己的改變。

這真是太棒了。

那麼，為什麼我們不能做得更多呢？

為什麼我們老是重蹈覆轍，陷入同樣的模式？

這都是因為我們不想看清楚自己是誰，無論是個性還是文化背景方面。也許我們就是不想抽絲剝繭去了解。

但是，如果你想全心全意、以更深刻的滿足感贏回人生，就得「更了解」自己。如果你持續假定事情永遠不會改變，那麼你一輩子都會被「不夠好」的恐懼逼得團團轉。而且，如果你只想找到速成解方，或是只鎖定最重要的技巧，你可能會很失望。改變不是一記推桿，而是一場漫長的比賽。

當我們身陷在掙扎中，可能會一味只想將自己與那些看似擁有一切的人比較，而陷入困境。比較的心態會讓你更常注意他人的成功而非失敗。但幾乎所有人都難免遇到逆境，或是在某些方面陷入掙扎。

其中一種掙扎可能是感到羞恥。

莫歐的隊友對於他遭受種族歧視與嘲諷的情況無動於衷，他慢慢接受這一事實時也深陷掙扎。因為隊友們撇開視線，他感覺自己好像真的有問題，羞恥感也因而加深。實際上，他的隊友可能只是不知道如何處理這種困難的處境。

掙扎是自然的。

一隻從殼中孵出的小雞會掙扎，一位待產的母親也會掙扎。從心理學的角度來說，這是成熟和成長的一部分，也是一種重要而基本的體驗。

如果我們在掙扎或遭受痛苦時，將這些情緒藏起來或抹去痕跡，我們就會失去獲得療癒和充實感的重要機會。

掙扎迫使我們找出解決方案。這可能表示你要咬緊牙關撐過去，或是你必須先退一步，直到把事情的全貌看得更清楚。

痛苦挫折與歡樂同樣重要

你在某個時間點可能會萌生放棄的念頭。卡羅琳想要攆走下屬導致自己最後也丟了工作，她感到非常後悔和羞愧。她的第一反應是不再從事這一行。哈潔特則是在以男性為主的產業中發展自己的職涯，但就在一家充滿敵意的公司激起她的恐懼之後，她準備放棄自己的工作，這表示她也將放棄很多寶貴的經驗。

她們兩人都感到源源不絕的痛苦，也經歷了掙扎。但她們都承認，面對恐懼才能開啟一道更徹底的途徑來了解自己、解除恐懼挾持自己的力量，並獲得更多充實感。

還有一個優勢：當你陷入掙扎的同時且不怕被人看見，你反而會注意到所有支持且關心你的人。你甚至會很驚訝地發現，這些人都以不同的方式給予你安慰或鼓勵。例如傑克告訴父母自己是同性戀時，他的父母以充滿愛的方式回應。掙扎可以成為與人聯繫的通道，如果你願意的話。

實際上，掙扎在從逆境學習與成長，甚至在性靈養成之中，都是不可或缺的部分。

詩人濟慈（John Keats）就曾為此寫下美麗的句子[4]：

你難道不明白這個以痛苦及煩惱組成的世界，對於教導聰慧之人有多麼重要嗎？這些足以淬鍊一個人的靈魂。這個世界就是讓我們的心以千種不同方式去感覺和受苦之地！

靈魂有黑暗，也有光明。生活也是如此。

期望生活永遠都能幸福、完美、舒適，而且只有好事發生，是不現實也沒有幫助的。對於掙扎和受苦的期待，也不是真實的。

清理垃圾

假裝生活沒有陰暗面，或者假裝你可以控制生活的陰暗面，是很吸引人的想法。但是，當你能夠誠實面對自己的感受，就會找到巨大的自由與和平。

想像一下，假設人們看到的是你的內在而非外表，所有你認為的缺點及最大的恐懼都展現在眾人目光下，那麼，這些負能量還能躲在哪裡伺機偷襲？

答案是，沒地方再躲了。

出問題時，否認問題存在，假裝一切正常，只會增加扭曲的恐懼和情緒垃圾。

「情緒垃圾」的想法很有用。情緒垃圾包含任何多餘的或破壞性的、不再有用或你不需要的情緒和其導致的行為——但是你仍然會巴著不放。這種東西就是垃圾情緒，渣滓，廢物。

不必要的誇張作態就是情緒垃圾。

發牢騷、閒聊八卦、擔憂、責備、怨恨和仇視等等都屬於情緒垃圾。

空虛的「應該」和「不能」（例如「我應該有不同的感覺」或「我不能控制」或「我無法做到」）也是情緒垃圾。

上述所有情緒都該丟棄，因為那些想法只能讓你短暫地擺脫不適的情緒。

忽略或壓抑恐懼也會導致情緒垃圾。當你為了逃避難以處理的情緒問題而無法專注當下，就會發生這種情況。

你可能有神經質的傾向，例如太早就急著想把事情確定下來、過度注重細節或反覆擔心自己沒有能力應付某事。你可能也有以食物或酒精麻痺自己、買東西分散注意力、不斷尋找刺激或打電動遊戲等傾向。

情緒垃圾就像一座卡在大海裡的塑膠漂浮島，如果不處理就會越積越多，然後形成問題。累積到一定程度後，你對周圍的人可能就會慢慢產生毒性。

雖然你認為自己把情緒整頓得很妥當，但被收好的情緒能量終究還是得有宣洩的出口。無論是有意無意，能量交換都會透過你的非言語行為、心情、語調及尖銳甚至虛假的奉承語言，持續進行。

讓情緒轉化

你可以將情緒垃圾的分解與堆肥的方式相比。

看見並面對自己「不夠好」的恐懼和其他情緒垃圾的過程，就像製作情緒堆肥一樣——如果你願意這麼比較的話。

這樣做一點也不乾淨整潔，甚至還可能發臭。但不管是堆肥或恐懼，缺乏空氣都只會讓兩者更加散發惡臭。你越常打開堆肥蓋翻攪，就如同你越常看見並解決自己的恐懼，它們分解的速度就會越快。

可能發臭的事情還包括正視恐懼如何限制你（雖然這確實令人不忍逼視），或是承認自己已使其他人陷入恐懼。

也許你以吵架、生悶氣或其他破壞性的言行舉止使你的伴侶感到困惑，但卻無法好好解釋問題到底出在哪裡。或想想雅克的故事：他一直沉迷於讓女兒成為出色的泳將，結果卻越陷越深，最終竟然完全與她失去連結。由此產生的情緒垃圾正在破壞他們的關係——直到他打開蓋子才得到解決。

堆肥之所以是個很好的類比，因為它也需要時間才能完成。同樣的，你不需要嘗試看遍所有恐懼來迅速解決。但，最重要的是，就像堆肥能讓植物茂盛生長一樣，你的情緒堆肥也能幫助你為生活提供更新更好的想法，讓你的行為、敘事和信念最終能破繭而出。

1 這句話來自他的推特貼文，可參見：https://twitter.com/deepakchopra/status/250980201360678912?lang=en

2 編注：原文是 too big for his boots，意指一個人自以為是。

3 編注：原文是 mountain out of a molehill，意指小題大作或過度反應。

4 《巴黎評論》（*The Paris Review*），參見：www.theparisreview.org/blog/2014/07/25/the-vale-of-soul-making/

第四部

PART 4

通往內在獲勝之路

在這一部裡，我會幫助你思考如何以不同的方法去替代恐懼。我會讓你了解如何發展出新的、有用的做法、行為和信念，來取代充滿破壞性的舊版本，希望也能讓你有新的點子去付諸行動。

我提供了七種思考改變的方法，這些方法對我的工作都有很大的效果。當然，並非每個方法都適合你或與你的情況相關，但讀讀這些內容還是有益的，或許你能從中找出可以採用的方法。

大多時候，我們沒有耐心和包容心來為自己建立不同的敘事以改寫成更具體踏實的劇本，畢竟一直待在自己的舒適圈、做經常做的事情，總是感覺容易多了。希望這些故事也能給你啟發和動力。

當你讀完這些人的故事，你會發現他們的故事沒有一個是完美的，也沒有完美漂亮的結局。因為，正如我前面所說，奢望完美是天方夜譚。此外，故事裡提到的所有人，都沒有清晰不變的價值觀和原則，也不是從一開始就完全了解自己的熱情或目標所在。事實上，你也不需要。

你在閱讀時可以做的，就是問自己：我做得到嗎？

Chapter 14
不同的敘事

你怎麼看你自己？聰明人？異類？奇葩？還是可靠的老鳥？

想想那些你在不知不覺中便信以為真的敘事，有些可能是真的，也有些是完全不可能的。我聽過的就有：「我們家沒出過這種事情」「這不值得嘗試」「這一定會失敗」「這一點用也沒有」「本來就該這樣」「這種事一輩子都不會發生」。

我們對自己說的故事會很有力量。本章將會告訴你，替換敘事也能在減輕恐懼方面產生深遠的影響。

我們在自己信以為真的故事基礎上，建立起自己的身分認同及未來可能性的信念。這些故事的主軸既是我們自己，也關乎我們如何看待事物。

但是這些故事都是真實確鑿的真理嗎？英國口語藝術家、饒舌歌手兼詩人喬治・姆班加（George Mpanga）在主持的 podcast 節目中講過一句話，一語中的：「你所知道的一切都是故事。你接受了這一切，直到某天找到了更好的答案，你就能抹去並取代它。」[1]

你需要一個新的敘事嗎？

喬治也曾在節目中說：「關於自我的敘事，就是生存的祕訣。」他的意思是：寫故事的筆（在他的角度來說是麥克風）就在你自己手中。即使無法控制遭遇到的情況，你還是可以控制自己的故事。

如果你對自己說，你是個完美主義者或是嚴厲的自我批評者，或者自己不夠好、太嫉妒，那麼這些會成為事實（或維持現狀）。但是，重點來了——這些故事會常駐你心，直到你把它們抹去，以一個更好的、讓你變得更強大且提供更多可能性的故事取代為止。關於你是誰、你內在有哪些能量，你都能用自己的想法和版本改寫。

我們的故事充滿了古老的信念和思想，這些信念和思想深深刻進了我們的身分認同之石。因為我們經歷過，而且一次又一次地重述，因此根深蒂固，開始覺得這些故事是不變的真理。但，事實並非如此。

如何改寫故事

想想你自己的故事是如何建構的，你會發現，不如想像中那麼具體或以事實為基礎。我們所獲得的一些身分敘事，包括種族、性別、國籍、原生家庭，甚至還有我們的宗教信仰，及我們為自己打造的某些身分，例如職業、人生觀，某種程度上還有我們的個性及人際關係。這些敘事就這樣掌控了我們，包括疾病、逆境和情緒，當然也包括恐懼。

我們都是由許多不同的敘事而組成。以下是正面敘事一些可能的例子：

「家裡第一個上大學的女生。」

「唯一一個挑戰受害者心態的饒舌歌手。」

「拒絕接受氣候現狀的新生代。」

「即使你從沒見過爺爺，卻擁有爺爺的精神——他從不退縮。」

「妳繼承了家族女性前輩勇敢的傳統。」

至於負面敘事的例子可能有：

「我們家沒有人能從事白領工作。」

「我的數學在校成績很爛，所以我不能申請那個工作。」

「伴侶總是對我不忠。」

「我是局外人。」

「我們家族裡的男人常常因為不良的生活習慣而早逝。」

你會看到恐懼如何支撐這些負面敘事。這些敘事的根源，就是我在第五章所說的「低期望值的悲劇」。如果你仰賴這些敘事而活，它們就會變成一種自我實現的預言，成為你的結局。

然而，我們的身分並不像蓋磚牆那樣，層層水泥緊挨在一起。因為我們身上的各個部分隨時都有變化，所以我們的身分也隨時都在變遷、流動。

此外，我們的頭腦能力夠強大，可以有效重塑自己的身分認同。十八世紀的醫師約翰·哈葛斯（John Haygarth）博士是最早發現「安慰劑效應」的人之一。哈葛斯博士使用金屬針進行實驗，當時這種金屬針能夠把疾病「抽出」身體。然後他使用假的木針治療病人，並比較兩種針頭帶來的療效。他發現，如果病人相信自己得到治療、痊癒的話，這兩種類型的針頭是具有相同效力的。

信念能創造現實

現實和我們對自己訴說的故事有什麼關係呢？事實上，從哈葛斯的時代起，越來越多研究佐證了「安慰劑效應」的立場，也就是信念具有創造體驗的強大力量。對我們來說，重點是信念能反過來創造我們的現實。我們逐漸了解，人們可能低估了信念的力量。正如作家約翰．海利（Johann Hari）在他的著作裡提到信念及憂鬱症的關係。

海利在他二〇一八年的著作《照亮憂鬱黑洞的一束光：重新與世界連結，走出藍色深海》（*Lost Connections: Uncovering the Real Causes of Depression - and the Unexpected Solutions*）中寫道[2]：

當你治療患者時，實際上是在做兩件事。你開出對身體具有某種化學作用的藥物讓病患服用，但你同時也是在說故事——關於治療對他有何影響的故事。

我們所相信的真實，會對我們感知和創造現實的方式產生巨大的影響。這與「假裝」不同。我們隨時都在以我們的態度、假設、信念，及最重要的，透過敘事，以某種方式在創造我們的現實。

我們可以想像另一種自我和另一種人生。這不是一次性的事情：我們可以把想要的自我與人生記下來、修改或撕掉一部分，或是另外再寫幾份草稿。我們也可以保留大多數舊的版本，只針對特定章節增修，例如擺脫完美主義或自我批判。

我們也可以嘗試新的身分認同——如果我們喜歡這個新的認同，就制定計畫讓其永存心中。我們不必被一個不再有用的敘事給主導。無論是個人層面還是地方或組織，這個法則也都適用。

我們在第一部討論過的那些有毒或陳舊的組織與團隊，也不必靠已廢止的敘事來運作。你必須勇敢去看見並承認制度化的恐懼，例如害怕被批判，害怕脫節、被排擠或被拒絕，當然也包括害怕自己不夠好。

當你走進某間公司，你感覺到什麼樣的敘事？可能是「只要這個執行長還在，這裡就永遠不會改變」或「企業家就是這個樣子」。

什麼樣的圖像能搭配這種感覺？也許就像坐雲霄飛車，你的指節緊緊抓住握把而泛白，耳邊大量的空氣呼嘯而過，你除了尖叫，什麼都做不了？

如果你在組織或團隊中面臨恐懼，那麼以恐懼為基礎的敘事會讓你付出哪些代價？健康？好奇心？真誠？更好的表現？現在你已經「看見」也「面對」了恐懼，那麼，你想寫下什麼樣的故事來「替代」呢？

改造舊的敘事去創造新的願景

迦納籍的前足球選手吉安（King Osei Gyan）發起的一項社會創新運動「阿敏尼瑪」（AMIN NIMA），就是改造舊的敘事去創造新的願景的一個極佳範例。吉安來自迦納首都阿克拉（Acra）的尼瑪區（Nima），這個名字來自伊斯蘭宗教中的豪薩語（Hausa），意為

「祝福之城」。但尼瑪的過去，可說是相當艱辛。

乍看之下，尼瑪區是個破敗的貧民窟，居住環境、衛生情況、排水系統、基礎設施和服務條件皆差。人們受教育的機會有限，失業率很高。眾所周知，尼瑪人以勇敢聞名，但犯罪率和健康狀況普遍不佳也是事實。在某些地方的街道，垃圾和廢物甚至能堆到一公尺高，雞、牛和山羊會在上頭恣意閒逛。

從外部看，對於尼瑪區的膚淺描述是，這是一個沒有希望的地方，一個充滿陋巷及貧民的區域，毫無翻身機會，能離開那裡最好。一直以來，人們對尼瑪區的印象就是缺乏人才和動力，甚至還有遊走法律邊緣的活動。但是吉安和其他年輕實業家打算重新打造尼瑪區。在當地社區，他們刻意重新譜寫關於自我定位及個人特質的敘述[3]。他說：

> 在我成長的地方，人們必須依靠奇蹟才活得下去，這使我下定決心改變這個社區的成規，我的方法是加強和建構幫助人們實現夢想、不受現實阻礙的系統。如果人們有才華，也願意努力，他們就需要機會，無論他們在哪裡出生、長大。我們必須對生活中發生的事情負責、主導和控制。

我們給這個計畫所取的名字，構想其實就是把尼瑪（NIMA）倒過來寫成「阿敏」（AMIN）。這是我們改變社區觀念、開始以不同方式看待事物的第一步。阿敏就和「阿門」一樣，重點是信仰和決心。你也可以把這個名字唸成「主導」（AM IN charge），意思就是我有力量。名稱本身就是新觀點的象徵。

然後我們會開始深入運作，而不僅是接受表面樣貌。我見過一個由本地人和移民組成的多元且充滿活力的社群。這裡有不同種族、階層和宗教信仰的人們，他們本著普世的人道精神共同生活和工作。這種和諧是你在世界上最富裕的地區也見不到的。我看到了不可思議的藝術家及大膽務實的企業家，他們可以在非洲、在尼瑪的土地上創造解決方案，而無需依賴慈善和援助。他們不需要屈服於像「第三世界」這類充滿限制的標籤。我看到人們具有真正的韌性和精神。我還看到真正懂得財富的人，他們知道財富不是來自疊好的鈔票；財富來自社區，人才和當地已經充分擁有的資產。

我們要挑戰那些令人失望的老舊敘事。為此，我們在社區中展示藝術、音樂、運動和時尚等方面的才能。我們還成立了一個名為「尼瑪國王足球俱樂部」

（Nima Kings FC）的乙組聯賽足球隊。我們還有「阿敏尼瑪音樂」（AminNima music），由兩位音樂家合作進行現場表演和錄音；也有「阿敏尼瑪畫廊」（AminNima gallery），負責為當地藝術家籌辦展覽；還有「阿敏尼瑪時尚」（AminNima fashion），努力重新創造並定義街頭時尚的服裝系列。

他的指導原則是「刻意固執」，因為他知道要達到目標會耗費大量精力。一條 Instagram 貼文這麼寫著：「別把我的固執誤解為不敬，也別把我的自信誤解為傲慢，別把我的漂泊誤解為無家可歸。」

尼瑪區的人民並非不需要更好的基礎設施，阿敏尼瑪創新運動也不是認命接受原本的狀態，更非無視問題或裹足不前；它的目的正在於看穿表面的外觀，創造出一個關於可能性和自豪感的新敘事。

吉安和他的同事們改變尼瑪內部和對外界的敘述，打破了這個社區原先對「不可能」、「不可避免」的消極認命與冷漠態度。

吉安決心展現尼瑪這個位於繁華都會邊緣的社區所具有的才能、天分與人性，來改變世人對尼瑪的看法。正如他所說，「阿敏尼瑪是一種精神狀態。你看到的是貧窮還是力量？我們看到的是力量！」

即使改變我們的處境並非易事，我們也可以成為自己心態的建築師，這會影響我們的未來，更會撼動恐懼的藏身之處。我們可以藉由減少恐懼、增加希望、增強力量等方式，重新敘述、想像、詮釋我們的敘事。

不要害怕去譜寫你現下身處其中的故事。

改變故事

「這一切我以前都經歷過，」他對他的心說。「是的，這一切你以前都經歷過，」他的心回答，「但你從未超越這一切。」

——保羅．科爾賀（Paulo Coelho），《生命戰士的智慧祕笈》（*Warrior of the Light: A Manual*）

也許你覺得已經試過改變自己的故事，但你還是做不到？

一旦我們確立了一個故事，就極不願意轉變。轉變需要極大的意志和精力，畢竟這些故事與我們的自我意識息息相關。

問自己以下幾個問題，可能會有所幫助。試著暫停你的犬儒感，你的回答可能帶來強大的效果。何況，若不問自己這些問題，你可能會浪費數千個小時回收恐懼，或是讓恐懼不必要地一再上演。

- 當我感到恐懼時，我是誰？
- 當我感到恐懼時，該怎麼做？
- 我該怎麼使用那些與過往恐懼無關的時間和才華？
- 我希望未來擁有哪些潛力（而不是你現在所看到的）？
- 我想為那些由於恐懼而不敢踏入的領域，做出什麼樣的貢獻？
- 我可以在能力範圍內進行哪些大大小小的改變，以打破那些充滿限制的陳規？

舉例來說，我最近做了一個小小的改變。我注意到，當我在男性主導的環境工作時（這種文化最常出現恐懼），我的穿著比較樸素保守。現在回顧這段經歷，我發現那是為了確保自己不會因為女人的身分而引起注意。

直到我開始在對女人和女性更開放的環境裡工作——那種環境讓我感到更加自由，也更加確定自己會受到應有的評價——我才注意到過去的那種模式。我發現我一直在對自己說的故事是這樣的：以我現在所擔任的職務來說，女人還沒有被百分之百的接納，所以我必須減少差異。我需要「過度適應」，才能克服自己身為女人而不被當一回事的擔憂，以及隨時會被物化的恐懼。

看出這種模式以後，我現在對於如何回應恐懼的方式，更能深思熟慮了。因此，下次當我處於男性主導的環境中時，我可以允許自己以「我」的身分出現，而不是試著變成「他們」。

如果你已經知道哪些信念或行為對你不管用，或是你不再需要它們背後支撐的敘事，那就太好了。

打個比方，你的工作讓你不開心。像是第一章的保羅，他在職業生涯的初期可能就已經發現，在那支球隊當個冠軍足球員會讓他在多數時刻感到焦慮、有壓力。他有多種方式改變自己的故事，但這不表示他必須改變自己的環境。即使你身處困境，你講述的故事也會改變你的體驗。

他可能已經開始將自己視為克服傷勢的球員。或者，他可以回到手裡拿著獎盃時對自己說的故事，將失望情緒轉換成韌性與克服逆境。或者，他可以把自己看成是由原本瘦弱的小子搖身一變成為超級強壯的男人，忍受痛苦、堅持獲勝。或者，他可以把自己視為對其他受傷球員說故事的人，鼓勵、指導年輕球員。或者，他可以認為自己得到隊友的愛——了解到自己雖然自外於他們，但不必非這麼做不可，因為原因出在教練是個大白痴。這些都是可行且功能更強大的故事。

你可以改變自己對既有事物的看法，展開重新敘事的過程。然後，你可以再問自己「我可以成為誰？」，來改編發展你的故事。

Chapter

15 建立目標

對於目標有清楚感知，也許是人生充滿各種意想不到的旅程中最好的穩定裝置。你能透過追求目標來克服恐懼。

對於目標的形容之一，是你對世界的貢獻。你也可以說，目標就是你的中心思想、驅動力和行動力的感召。目標能引導你的注意力，影響你的決定並為你創造意義。

如果個人目標與未來的成就有關，那麼你也可能因此超越自我。

從表面上看，哈莉達．波帕爾扎伊（Khalida Popalzai）這個非凡故事的重要性在於，她在阿富汗成立了一支女子足球隊。但是再深入一點，她的目標就變得很明確：讓無聲的女性得到發言權。儘管她本身就熱愛足球這項運動，但她還利用足球賦予女性權力，進而改善阿富汗甚至全球婦女的處境：

我想透過足球發起一項運動。無論國籍為何，人人都應該要有發言權。我希望人們看到世界可以有所不同。這就是為什麼我選擇挺身而出。

我相信每個人來到這個世界都是有原因的，都帶著我們必須完成的任務。我們必須善用每個機會，讓世界變得更美好。

哈莉達只有三十二歲，但她經歷的恐懼程度遠超出我們大多數人的想像。不過，有了目標，她就能夠面對最艱鉅的挑戰。

她九歲時住在喀布爾，當時塔利班政權宣布女孩不得再上學。「那是塔利班政權的黑暗時期。」她說。「婦女沒有權利。不能工作、學習或參加任何社會活動。女人必須遮蓋自己，穿上布卡罩袍，而且沒有男人陪伴就不准離開家裡。」

哈莉達來自一個受過良好教育、遊歷豐富的家庭。她的祖母和母親都曾有工作，母親甚至曾經擔任體育老師。為了安全起見，同時也確保哈莉達可以繼續接受教育，哈莉達全家決定離鄉背井，抵達巴基斯坦，展開了難民生活。

五年後，哈莉達十四歲，塔利班失勢，全家重返喀布爾。但是塔利班政權餘威仍在。「婦女和女孩仍然生活在恐懼中。社交活動有限——婦女只能去上學然後回家。」她說。

哈莉達放學後喜歡與三個弟弟踢足球。但是隨著她漸漸長大、開始成為一個女人，社會的壓力迫使她不能再到戶外玩耍。「大家都說家庭和廚房才是我該去的地方。還有服侍丈夫。」

她的祖父稱她為「見多識廣的女權主義者」。他對她說：「別等男人來改變妳的世界或拯救妳。妳要獨立自主，當一個無所畏懼的女人。」

社會大眾的價值則告訴她說，她的生命屬於她家庭裡的男人。「人們認為我不是個好女孩，因為我的行為舉止不如他們所想，更沒有照著某種既定的方式走路、談話。每天在學校裡，其他男孩對我的兄弟們說我像個妓女，就因為我踢足球。這些話讓我的兄弟們非常生氣，最後他們打成一團。身為女孩，妳肩負著家庭的榮耀——這種想法對於女性造成的恐懼極大。我質疑一切。我在想，究竟是誰制定了這些規則？」

哈莉達和她的母親將足球視為改變的途徑。「足球被看作是男人的比賽，所以更可能傳達出這樣的訊息：改變是可能的。」

她們在哈莉達的學校成立了一個女子足球隊並展開宣傳，邀請更多的婦女來踢足球，同時向阿富汗足球協會（Afghan Football Federation）尋求支持。但阿富汗足球協會表示，女性踢球會讓國家蒙羞。

哈莉達和她的母親一直堅持到底，終於在二〇〇七年，國際足球總會（FIFA）宣布為女子足球隊提供資金時，她們才如願以償。那年，阿富汗史上第一支女子足球隊參加了錦標賽，由哈莉達擔任隊長。儘管如此，女性踢足球仍遭到許多人反對。「這很危險，也很艱難。我們在街頭和學校都遭到襲擊。在訓練期間，男人對我們丟石頭，我們只能放棄訓練。」

這樣的虐待只加深了哈莉達追求目標的使命感。「對我來說，僅僅擔任隊長是不夠的。每天晚上，當我打開電視，都會看到女人被石頭砸死的新聞，死因都是出於榮譽。這讓我感到非常不安。不採取行動的話，我會感到非常內疚。我不能忽視其他女性的處境。我選擇足球運動提高自己的聲量，並做為發聲工具。」

哈莉達開始遊說阿富汗足球協會，希望能在那裡工作。「因為我看到那裡是能夠發生改變的地方。」雖然這花了她幾個月的時間，但二十歲的她最終成為了阿富汗足球總會第一位女性職員。

哈莉達在提升自己知名度的同時，也不得不面對更多的仇恨和憤怒。「獨自站出來、成為做這件事情的第一人，對我來說很艱難。人們擔心家裡的女兒聽到我的意見就有樣學樣。我站出來大聲說話，不僅讓自己面臨生命危險，也置我的家人於危險中。我們收到嚴重的死亡威脅。我的家人也遭到攻擊。」

哈莉達的故事及使命感

二〇一一年，事態開始變得嚴峻。哈莉達被指控為恐怖分子，不得不逃離阿富汗。她最初待在印度和巴基斯坦，然後去了丹麥，至今仍定居在那裡。「我明白住在難民營的感覺，那裡的人們對未來一無所知。」她開始幫助難民營中的婦女，這件事驅使她成立了慈善機構「女孩力量」（Girl Power），並以各項體育和足球活動來宣傳及教育婦女。

哈莉達離開阿富汗時，女子足球隊也形同終止。到了二〇一六年，阿富汗女子足球委員會要求哈莉達協助她們重建國家隊。哈莉達和她的管理層招募了阿富汗國內外的球員，並籌集資金。她們還在國外舉辦了訓練營，並召集了所有球員。

「我們希望成為一群互相扶持的女性典範，讓女子足球國家隊參加世界盃足球錦標賽更是我們的夢想。」

她們不斷朝著目標邁進。然而就在二〇一八年，有些球員遭到當時阿富汗足球協會主席的性侵犯與強暴，更遭到足協其他成員的性騷擾與肢體騷擾，有些受害者甚至只有十四歲。哈莉達不住在阿富汗，對於這些事情毫不知情。

「阿富汗足協非但沒有解僱這些男人，反而解僱了九名球員，甚至指控她們是女同性戀。這麼做會給那些婦女帶來生命危險。」哈莉達說。「這實在太恐怖了。我們於是停止比賽——我不想再給施虐者時間來侵犯婦女權利，一天都不行。」

哈莉達說，這是她人生中最低潮的時刻。「我感到挫敗、疲倦、孤單。光是聽到這些故事就很恐怖了，談起這些事情更讓我感覺噁心，更何況是那些遭受虐待的婦女？」

哈莉達和她的團隊聯繫國際足球總會尋求協助，但進展緩慢。她們在社群媒體上展開#Voice4voiceless（「無聲者之聲」）宣傳。那時她剛在丹麥足球超級聯賽的一支球隊洛斯查蘭特（FC Nordsjaelland）開始新工作，認為自己會因為這個活動被要求離職。但是球隊告訴她，他們支持她。她說，正是這種反應幫助她穩住陣腳。「那些信任我們的人，不分男女，都站出來力挺我，並對我說『我們聽見了』，這些支持對我來說，實在太重要了。」

到了二〇一九年，國際足總終於判決阿富汗足球協會前主席喀拉穆丁・卡里姆（Keramudin Karim）終身禁止參與足球活動[4]。又過了一年，阿富汗出現了女子足球聯賽，全國各地都有錦標賽，共有三千多名女性參加。「現在，女子足球由女性領導。婦女們可以放心踢球，不必擔心受到虐待或性騷擾。

「我覺得自己是地球上最幸運、享有最多恩典的人，因為我很早就找到了人生的目標。我擔心世界會以同樣方式繼續發展下去，這種恐懼使我決定站出來。」

哈莉達說，她將繼續為每個想放棄或手足無措的女孩努力下去。「我怎能對這樣處境的女孩們棄之不顧？」

強烈的驅動性

你的目標可能是你希望有所貢獻的領域、你所深愛或關心的人事物，或是你深受感召、義不容辭的事物。你的目標並不都與日常工作有關，而是你想花費最多精力、投入最多愛的地方。你的目標會非常吸引你，使你希望傾一生之力投入其中。

你的目標不一定要非常遠大或充滿戲劇性，也不必非得登上世界舞台不可。也不是每個人都必須立志發起慈善事業才叫做懷抱目標（但倘若這就是你的目標，那就放手去做！）。例如，你的目標可能是讓其他人發笑，或將人們聚集在一個社群中。再舉個例子，我媽媽的目標——就我所知——是無條件的愛：她想讓我們家中的每個人和她的朋友都感受到真正的愛。

你也可能與哈莉達不同，你的目標還未成形。你不必在六歲或十六歲就找到目標然後終身堅持。目標可以隨著時間拉長、經驗增長與經歷不同逆境，而有所發展。

當我與客戶合作、幫助他們發現自己的目標時，我首先會要求他們談談如何成為今天的自己，也可能提出以下問題讓他們思考：

● 你如何評估各種人事物在你心中的重要性？
● 什麼樣的經驗和信念，塑造了你對人生的看法和價值觀？
● 在你的生活中，什麼事是你通常不會妥協的？或有哪些事經常吸引你的注意力？
● 家庭或教育方面的哪些經驗與教訓，是你的精神支柱？
● 哪些挑戰對你而言很重要？
● 哪些事情是想通了以後，覺得不太重要的？

以這些方式去思考你如何成為現在的自己，自然會帶出最後一個問題：

● 你對於自己的認知，與你在生活中想做的事情有何關聯？

有時候，人們出於熱忱而做的事，和實際正在做的事情間，存在不小的差距。這種具有目標的工作可以讓你更看重現在的自己，至少激發你去做些改變。

我們前面看到的自由潛水者威廉．楚布里奇，曾沿著海岸健行，鍛鍊自己挑戰當時最深的潛水紀錄。他喜歡用健走擺脫肌肉的乳酸堆積，同時清理思緒。他還說自己能「從海裡汲取能量」。

他的說法是，那時他感覺手機在口袋裡震動，於是漫不經心地掏出手機。那不過是推特的一則通知：「海洋生物現在正在追隨你」。但是那則推文的措辭，激發了更深的共鳴：

我不能偽裝自己無視於海洋生物帶給我的困擾，特別是我在深海潛水的時候；但是我確實也很在乎海洋生物的問題，而且我知道自己在自由潛水領域取得的一切成就都能讓我有更大的聲量去影響我關心的議題。「為海洋而做」是我最大的動力之一，所以，即使是短暫地幻想海中生物也可能注意到我的努力，這種想法也增加了「為海洋而做」的動力。

與哈莉達一樣，當你擁有追求目標的動力，恐懼和從眾的狀況也會逐漸消失。在恐懼時刻，你可以向自己的目標及熱忱尋求幫助。你會感到一種驅動力，更能消除恐懼，也更讓你信服。就算你怕到驚愣在原地無法動彈，這種追求目標的驅動力也能給你能量，繼續撐下去。

Chapter

16

臣服之心

你有幸運物嗎？例如在面試、約會或參加大型比賽時穿戴的東西，或參加考試時放在桌上的物品？也許是項鍊、吉祥物娃娃，甚至是某雙鞋子？

當我們感到恐懼或緊張時，常常會覺得自己渺小而微不足道。我們渴望獲得支持或協助。我們希望有比自己更大的力量一起頂住壓力，才能把控制的負擔從肩頭卸下來，就算只是一下子也好。我稱此為「有用的臣服」，有助於對抗恐懼。

這種情況有另一種表現方式，就是當你特別希望某件事情發生的時候。你可能會緊握拳頭、緊閉雙眼，希望獲得某種東西；或是你因為喜歡的球員得分而大聲歡呼；考試結果出爐；也可能是你收到等待已久的電子郵件。

放手，或是訴諸與仰賴比我們更巨大的事物（可能是上帝、創意或集體能量之力），是充滿心理價值的。這樣的心態也能減輕緊張情緒。能夠明白，甚至單純冀望生活中仍有其他力量能發揮影響力——無論是自然或人為——這樣的認知對我們可能也會有所幫助。世界上並不是所有的事都能操之在己。

臣服的奧祕

臣服之心，可能來自於你的文化和信仰，也可能不是。但是對我們所有人來說，「未知力量」的想法可能具有巨大的價值，特別是在面對恐懼時。

這種臣服並不是推卸負責或找藉口，而是你認知到自己有可能無法掌控全局。無論你是否相信這些神祕的力量，擁有這樣的臣服之心，能為某些神祕的事物和奇蹟在你的生命裡留下一點空間。如果你認為人類的情感遠比理性強大，這種對神祕感的臣服就會開始變得有意義。

在足球的世界裡，阿根廷前鋒梅西（Lionel Messi）是努力的球員，同時也是這項運動有史以來最偉大的天才之一。我們都會相信他絕對是最不需要多餘幫助的人。但是在關鍵時刻，梅西也同樣以行動表現出臣服之心。他曾在二〇一八年世界盃小組賽第一場比賽錯過十二碼罰球，導致阿根廷只以一比一平手收場。那時，記者拉瑪・潘塔洛托（Rama Pantarotto）送給梅西一條紅絲帶——那是拉瑪的母親送給他的。

阿根廷的下一場比賽對上奈及利亞，梅西踢進了一球。賽後的新聞發布會上，潘塔洛托問梅西是否戴過絲帶。梅西拉下襪子，絲帶就綁在他的左腳踝上。「你在說笑吧。好吧，有人可要心臟病發作了。我是說真的。等一下，你用左腳進球嗎？」潘塔洛托說。「不對，你是用右腳進球的。」「那不重要，它的確幫到我了。」梅西回答。[5]

重點來了：它不是「有效」，而是「有幫助」。這與物體本身或物體是否帶有魔力無關，而是在梅西看來，確實為他帶來了幫助。至於結果如何？他變得更有信心了。

二次世界大戰中，蘭卡斯特轟炸機中隊的機組人員也有類似行為，同樣也有幫助。這些男人每次飛行時所面臨的狀況，都足以引發極大的恐懼。無線電員兼機槍手約翰・史蒂文斯（綽號「老薑」）在紀錄片《作戰基地：蘭卡斯特轟炸機——鎖定德國》（*Battle Stations: Lancaster Bomber - Target Germany*）中談到自己的經驗：「你正準備展開一場冒險。你處於恐懼的開端，有些危險的事情出現，你會感到恐懼。任何說自己不怕的人都是騙子，要不就是瘋了……」

所有戰鬥人員都得找到某種方法來適應這種壓力，才能沉著應付眼前的情況。有些人利用想像力和神祕感。還有一種方式是幸運符，就像梅西的絲帶一樣。轟炸員史塔柏．麥特考夫（Stamper Metcalf）便說：「我在作戰日前三天結婚。我從妻子那裡得到一條絲襪。我把它綁在脖子上，一直到任務結束我才脫下絲襪，甚至還綁著絲襪洗澡。我做了所有能做的事情。絲襪就是我的幸運符。」後炮手鮑伯．皮爾森（Bob Pearson）則說：「中隊裡面有一兩個人得到了年輕女孩編織的吉祥物玩偶。我每次出勤都帶著那個玩偶。我發誓，絕對是吉祥物玩偶讓我安全歸來。」

下面是「老薑」史蒂文斯談到出任務前的準備。這種臣服之心，讓飛機本身擁有自己的力量又擁有魔力，同時還有自己的意志：

> 你已經踏上不歸路，箭在弦上，不得不發。你現在就在她的世界裡。突然之間，好像所有事情全部同時發生。你全副武裝，炸彈艙裝得滿滿的，突然間她就

這樣衝出去了。那一刻真是不可思議！你在起飛跑道上咆哮著，充耳只聞噪音，這是一種美妙的噪音。你有一千四百碼的距離把一萬四千磅的重量拉起，升空。她看起來快要輸給重力，但就在半途之中，你會感覺到一次輕微彈跳，然後再一次，一瞬之間，你感覺好像失重了，因為你就這樣升空了，好像她在告訴你，她所能做到的就是這一切。她真的很偉大，就是偉大。她很偉大——注意，是「她」，不是「它」。

因此，就算中隊隊員們都不知道自己能否活過今日，但還是在對想像力和神祕力量的信仰中找到了安全感。關鍵是：如果你覺得有必要臣服於一個比自己巨大的存在，就不必擔心是否合乎邏輯，因為無論如何，這些力量就是會發揮作用。

放手

信任超越自己的巨大存在，是一種有用的臣服。但是還有另一種臣服，對於抑制恐懼也很有用：放手，不再控制。

正如同第五章提到的，處於令人恐懼的環境中，會使我們把自己所能控制的一切抓得更緊——無論是我們自己還是其他人。我們天生渴望穩定，想知道接下來會發生什麼事，所以一旦感到害怕，就很容易產生過度控制的行為。但，現實是，緊握不放是沒有意義的。我們永遠無法真正「掌握」人生，因為人生隨時都在變化。

也許你一生都信奉「永不屈服」或類似信條，也為自己從未屈服感到自豪。你可能會認為這樣的行為才能更加充滿熱情和決心。確實如此。你可以問自己：「我是想要控制自己的所作所為，還是想要控制結果？」如果是前者的話，你可能確實擁有堅定、熱情的心；如果是後者的話，你的心態可能不太靈活。

不願放手的心態可能會以下面幾種方式出現：「我是對的，你是錯的」「我就是要這個，別無所求」「我的做法就是唯一的解決之道」。如果你發現自己常說這類的話，表示你經常沒有給予事物任何其他的可能性。

如果你想要全盤掌控一切，當你在人生旅途中無可避免地碰到困境時，自然會感到壓力、焦慮、失望或沮喪等情緒。例如你堅持女兒應該追隨你的腳步習醫，但是她選擇讀會計，肯定讓你心力交瘁。

如果你一心一意想待在自己的舒適圈，當你被迫離開舒適圈時自然會感到難過。舉例來說，如果你不考慮換一份新的工作，那麼即便你現在的能力已經遠勝過目前的工作，當你被裁員時還是會感覺彷彿遭受到毀滅性的打擊。

控制和舒適不該成為你人生的基石；它們打下的基礎是薄弱的。適應力和恢復力才是真正有用的，因為它們使你能夠勇於嘗試（不管是不是新的事物），承擔失敗的風險，從錯誤中學習。它們能讓你學習臣服之心，不再過度堅持己見，畢竟有時我們總是會希望自己對於生活能有所掌控、保護自己免受痛苦。

聽起來可能很難做到，但實際上，人生的要義就是放手，而非為了去「做」某件事而陷於掙扎。

我記得自己曾在一場大型比賽中站在場邊觀賽。在緊要關頭時，我不經意望向在我右邊的同事，發現他的指節因為緊握拳頭而泛白，嘴角緊抿成一條僵硬的直線，胸口沒有任何呼吸振動。他看起來很痛苦，因為他認定支持的隊伍會慘敗，即便一切根本都還沒發生。

我向左往另一位同事看去。他的手掌攤開，輕輕握住面前的金屬欄杆，眼神聚焦但柔和，呼吸沉穩規律，欣賞著眼前所看到的一切，微笑之情溢於言表。他對隊員的信任和同情之心，顯而易見。

造成兩人的差異原因何在？第二位同事接受自己不能控制的事實。他對於自己無法影響當下的態度輕鬆自在。也就是說，因為他臣服，所以他接受。

我們的文化培養出來的觀念是，必須隨時付出巨大的代價和不懈的努力才能取得成功。但我還是要說，想要取得卓越成績，辛勤練習雖是必要的，我們仍得學會放手。

你真的得學學絕地武士（Jedi）的思考方式，雖然這句話聽起來可能有點不正經。正如尤達（Yoda）在《星際大戰三部曲：西斯大帝的復仇》（*Star Wars: Episode III - Revenge of the Sith*）中所說，「要麼做，要麼放手，沒有『試試看』這回事。」這是因為臣服降低了緊張氣氛，降低了抵抗，恐懼也因而得到釋出。

放鬆心情大有幫助

二〇一八年的世界盃足球賽後，有位年輕的音樂家——她是小號手——與我聯繫，問我可否和她談談應對「演出恐懼」的方法。在一個崇尚紀律和完美的領域，她是一顆冉冉升起的新星，但她害怕犯錯，因此對大型演出失去了信心。我們一起深入了解她的情緒管理和演出前的例行公事等習慣——也就是與第八章類似的技巧。我們還討論了從進場到在樂團中坐定的這段時間如何保持鎮定。但是，還是有些地方不對勁。

我請她告訴我，對於音樂的感覺。

「感覺？呃，我比較像是用聽的，而不是用感覺的。但是我猜我的嘴是用感覺的，我可以感覺到嘴唇在小號吹嘴裡面振動。我猜我的手指也是用感覺的，指尖感覺到活塞鍵頂部的壓力。其實我猜我的耳朵也是用感覺的，耳朵能感覺到音高與音色，不管好的還是壞的音色都感覺得到。經妳一提，我全身都感覺到了——在呼吸時，我可以感覺到後肋的空間還有肚子的起伏。我還能感覺到我的腿和手臂繃緊，配合吹奏而擺動。我還可以透過擱在地上的雙腳感受到樂隊其他所有聲音的共鳴。」

「那麼音樂是怎麼產生的？」我問。「是妳吹的，還是喇叭吹的？」

她沉思了一段時間。「我們一起完成的。樂音是我吹出來的，但是音樂本來就已經存在——只需要我呼吸，音樂就被賦予生命。」

「所以，妳越放鬆，就越容易把音樂傳給小號？」我問。「這樣你們就能一起創造音樂了嗎？」

「是的，沒錯，完全就是這樣。當我放鬆時，樂音就會非常流暢。不過我直到現在，才真正能把演出視為與手中的樂器一起創造音樂。」

「因此，完美的演出並不完全取決於妳自己和執行音樂的能力，而比較像是妳要保持放鬆，是嗎？」

「確實如此。」

「當聽眾聆聽妳的音樂時，妳希望他們有什麼感覺？」

「我希望他們感到喜悅和活力，還有滿溢的情感。」

「多麼棒的禮物。可以說他們也是創造音樂的一部分嗎？」

「我的聽眾？」她停頓了一下。「嗯，對。我想，如果他們沒有情感的共鳴，我們之間就失去了聯繫。如果我與音樂產生充足的聯繫，聽眾也會感受到。」

「讓我們用同樣的方式思考恐懼；現在，妳會怎麼調適看待恐懼的方式？」

「我認為恐懼占據了我太多的心思！我希望把更多空間留給音樂，讓音樂能夠流暢。

我應該專注於為音樂騰出空間，而不光是圍著腦子裡的各種想法轉圈圈。我要讓音樂透過自己傾瀉而出。」

這樣看似微小的臣服之心，卻大幅改變了音樂家對於自己正在做的事情所產生的參與感和滿足感。

技藝無論如何都是要持續精進的，這當然也需要紀律來維持，但是過於僵化和控制的做法，只會造成自己的緊張和焦慮。

當她放手、放鬆之後，緊張與緊繃的感覺也都減輕了。

任情緒淌洩

最後，還有第三種臣服，那就是讓情緒流淌在你的身體之中。

非常多面對恐懼的人告訴我，他們感覺自己的胸口就像有東西壓著，同時喉頭緊縮。但是他們只能將恐懼壓扁、一口吞下，不想讓人看到。

壓抑情緒是一種從文化習得的行為，男孩和男人尤其推崇這種做法，因為他們受到文化制約，認定恐懼是軟弱的跡象。但這會帶來一些後遺症。經常這麼做的話，恐懼可能會在你內心不斷扭曲；更糟的是，關心你的人甚至無從得知你究竟好不好。

舉例來說，假如你正在拳擊擂台上壓制對手，你確實需要抑制情緒；但在某些情況下，你反而**應該**卸下你的防衛心。例如哭泣：你哭過以後，有沒有感覺好多了？如果你有一段時間沒哭了，去試試看吧！我可以向你保證，我甚至也聽過最硬的硬漢哭泣。如果沒有文化制約、也不被貼上弱者的標籤，哭泣就是不時可以採用的好的工具。

如果你不想好好大哭一場，還可以嘗試尖叫、咆哮、跟著重金屬音樂甩頭、跺腳或大聲唱歌。任何能讓情感在你身體中流淌，而不是將之困住的事物，都可以嘗試。兒童常常有這類自發的情緒抒發行為（甩頭可能除外），但身為成人的我們卻不斷告訴自己，不能向情緒低頭，好像看起來會很愚蠢又脆弱。

情緒能量是不斷流動的——必須在你的體內移動。幫幫自己，讓情緒找到出口吧。

Chapter 17

夢想與渴望

這章要講的不是「追逐夢想」這類不切實際的浪漫建議，而是更實際的：夢想家有一種獨特的心態，可以有效對抗恐懼。他們有能力克服障礙、實現夢想。他們對於失敗、重新再來、失望、挫敗都有更加開放的心胸，為了完成夢想，可以付出一切。

講到做白日夢的人，我們都說他們是浪漫主義者和幻想家、不切實際。與具體可靠的計畫相比，夢想更被視為有缺陷且模糊的。

夢想沒有獲得應有的地位。

請多想一下：在制定計畫前，先出現的是什麼？是夢想——幾乎總是最先出現的。夢想並非我們必須封鎖或阻止的，也不會阻礙我們進步；實際上，恰恰相反。夢想家們可不是執迷不悟的呆瓜。他們的夢想來自對人生的渴望。

夢想是全心全意、腳踏實地的生活基礎。

想看見夢想如何逐步成真嗎？你可以參考足球選手兼英格蘭代表隊隊長哈利．凱恩（Harry Kane）的職涯。他十六歲進入英超托騰漢姆熱刺隊（Tottenham Hotspur）青年隊，後來被提拔進入一軍。他說：「我很想成為熱刺隊的隊長，也希望有朝一日能擔任英格蘭代表隊的隊長。」後來又表示：「在溫布利球場（Wembley）出賽、進球得分，根本就是夢寐以求的事情。」

但接下來幾年卻似乎事與願違。凱恩的職業生涯早期被租借給足球金字塔底層幾支不同的球隊。過了五年，他總算有機會真正為熱刺隊效力。他在處女賽季就踢進了驚人的三十一球。儘管如此，關於他的評語卻是：這種奇蹟只是一季行情，無法用左腳得分，只能靠隊友傳出好球然後順水推舟得分，沒有成為世界一流球員的資質。

凱恩持續頑抗，拒絕放棄自己的夢想。結果呢？他在接下來的日子不斷創下各種生涯新高紀錄，二〇一八年世界盃錦標賽還拿下了金靴獎——這是給獲得最多進球選手的榮耀。二〇一九年，他成為熱刺隊史上進球前三多的選手。夢想好似他的指路明燈。

為什麼在談論夢想時，要提到**欲望**呢？因為欲望是這個方程式的重要成分，強度足以與恐懼匹敵。

你可以將欲望解釋為我們對於人生的恣意幻想。《那一夜，佛洛伊德遇見佛陀，聊欲望》（*Open to Desire*）的作者心理治療學家馬克・愛普斯坦（Mark Epstein）博士，以很好的方式來描述欲望在形塑我們過程中扮演的重要角色：「欲望就是精華。讓我們發現自己是誰，讓我們成為真正的自己。」[6]

欲望可以督促我們克服阻力、跨過絆腳石，破除我們維持現狀的天性。大多數人較常因為害怕損失而產生動搖，而不是受益於希望而改變心意。通常，我們寧可保護已有的事物，也不願冒險爭取想要的事物。

這是深植我們古老大腦迴路之中的一個特徵，我們尤其害怕放棄已經準備或承諾的東西。例如，假設你是一名從學習、受訓到實際執業總共投入長達八年時間的律師，即便你心裡渴望成為一名滑雪教練，但若評估自己已經投入其中的時間、精神和金錢，你也很難下定決心轉行。

我們時常緊緊抓住能帶來成功的事物，也常常抓住那些不成功的事物。想要甩開對於已知事物的依賴，就需要一些更撼動人心的力量——例如，欲望。

欲望的運作方式

你的腦子每天大約能產生六萬個想法，而這些想法大多會染上一些恐懼或欲望的色彩。恐懼與欲望兩者都能驅動我們，恐懼讓我們避開不想要的事物，欲望則拉著我們朝想要的事物邁進。

例如，由欲望驅動的想法可能是：「我要點那份看起來很美味的沙拉。」恐懼驅動的想法則可能是：「我最好只吃沙拉，我不想再增加體重。」兩者聽起來可能差別不大：你都是在吃沙拉。但是你的想法基調，能決定你如何看待世界。

你還需要小心地引導欲望，否則可能會讓你朝向空虛的方向發展。欲望可以激發出拚命一搏的野心，但這與充滿夢想的靈魂截然不同。隨著這種野心而來的可能是殘酷無情且貪婪渴望的方向，你想成為有錢人、有權勢的人或有名氣的人，本質是淺薄的勝利。

野心與夢想一樣具有某些偉大的品質，但野心可能較聚焦在狹隘的焦點和害怕錯過的恐懼。這就是為什麼欲望與夢想能最有效地結合在一起：因為夢想家不會將期望寄託在單一結果，他們只是決定在旅途中放手一搏，不留下遺憾。

讓我們再回頭看看兩次划船橫渡大西洋的前海軍陸戰隊員李伊．史賓賽。他的座右銘是：「勇敢做夢！如果你從沒有失敗過，那是因為你的夢不夠大。」

如果你仍認為做夢的想法有些含糊或空洞，李伊可能有辦法說服你。他說：

我相信夢想的價值，就算第一次嘗試必定以失敗告終也一樣相信。失敗本就是成功的一部分。如果你沒有經過失敗就取得成功，這種成功算什麼？唯有經歷一次又一次的失敗，最後得到的成功才有價值。否則，這樣的成功就太廉價了。

打從有記憶以來，就想進海軍陸戰隊。十三歲時，我參加了一場就業博覽會。當時我逕自走到海軍陸戰隊的攤位，告訴裡面的傢伙我想加入他們。他問我有沒有踢美式足球、是不是隊長，我說：「不，我是二軍。」他又問我是不是橄欖球隊隊長，我解釋說我們學校沒有橄欖球隊。

他說，「我們想找的人要擁有運動員的體魄，還要有領導團隊的能力。你不是我們真正想找的人。」但我還是跟他索取手冊。他說：「沒有，發完了。」但我往他身後一望，後面明明就有一整疊。

十八歲那年，我來到皇家海軍陸戰隊的就業服務處。裡面的傢伙說，「你還不夠格。我們不認為你能通過新兵招募課程。」我當真了。我以為皇家海軍陸戰隊都是超人才能加入，但我不是超人。不過我依舊沒有放棄夢想。

三年後，也就是我真正證明自己潛能的前一天夜裡——我決定離家前往新兵招募課程，叔叔對我說：「哈，你進不去的。你受不了鐵的紀律，也受不了別人指揮你去做這做那。」

我將這三次唱衰當成鼓舞自己的能量。但是，引導能量的那股力量，是實現加入海軍陸戰隊的夢想。夢想將當初混沌飄渺的野心變成了可能。

接下來的事情，我們都知道了：他在海軍陸戰隊度過二十四年的職業生涯，完成三趟阿富汗之旅。你可以看到，對李伊來說，他的夢想讓他堅持達到未來的願景。夢想充滿想像力。知識雖然也很強大，但想像力及其無限的可能性甚至更強大。

李伊在一次意外中失去了膝蓋以下的腿部，當時他在高速公路旁停下來協助一個發生車禍的家庭，結果另一輛車撞上了他正在協助的那輛車，一台引擎機體不偏不倚砸中了他。撞擊的力道使他的左膝完全脫臼，而右腿膝蓋以下幾乎完全被切斷。

那時，我獨自一人倒在路邊，決定不要打電話對妻子克萊兒說再見。如果我打了那通電話，就表示我承認一切到此為止。如果我打了那通電話，我不認為自己能夠達到現在的成就。對於一名在阿富汗作戰的海軍陸戰隊員來說，失去一條腿或垂死可是嚴重的職業傷害。因此，你得思考一下，與其和平相處，然後就別再想下去了。

這個關鍵時刻，李伊決定活下去，而非屈服於恐懼。「那一刻並沒有那麼驚悚。不過就像『好吧，腿不見了，現在我得止血』而已。我想這應該不是百分之百正常的反應。」

直到一個名叫法蘭克的男人和他的女兒辛妮來協助李伊時，他已經失血過多，明白自己處於生死邊緣。「我能感覺到嚴重休克的所有典型症狀，而且我知道自己只剩幾分鐘的時間。但那時，我一點都不恐懼。」

「我讓辛妮站在我腹股溝的股動脈上，將她全身的重量都放在腳跟上，試著替我止血。我們成功了。」

他倖免於難的遭遇令人稱奇，但他的康復及從那時起取得的成就更是一絕：

我的人生被極度渴望康復的想法包圍，我一定要學習走路。每天都有切實的進展。我還記得第一次走去醫院內的商店，感覺真是太棒了。然後，我出院了，不再需要靠輪椅了，最後我總算可以走路了，也漸漸加長距離。走路也變得更容易。當我還在住院時，我給自己的挑戰是在一年內參加馬拉松比賽。醫生說不太可能——有可能沒辦法——因為我的左腿已因脫臼而遭到嚴重損傷。

我為自己設下許多小小的挑戰，像是第一年，我決定要為慈善單位籌募一萬英鎊。我先從倫敦開始一英哩的贊助步行。然後再走去直布羅陀巨巖（Rock of Gibraltar）。我的目標只是希望自己能復原得更好，但這同時也是一個很棒的機會，能讓我在糟糕的情況下做點好事。設定公開的目標就像跟自己玩一點小花招——逼自己不要放棄。

接著他與另外三名截肢軍人一同划船橫渡大西洋，然後又進行了一次單人划船橫渡。

我很高興能為慈善機構籌集資金，但是籌款並不是重點。我的願望是確保自己的自我認同不要受到過去的事情或是只剩一條腿的影響。「我都能做到，你為什麼不能？」這種話說來挺傲慢的，我的目的並不是要啟發，或更糟糕的，批判——其他殘疾人士。我有優勢和人脈，獲得很多機會，因此實現目標自然容易得多。我想以自身例子表達的是：任何人都不需要去接受別人貼在身上的標籤。

如果你能像李伊那樣，將夢想與欲望的磁力結合在一起，就能幫自己塑造目標，做出選擇，然後採取行動——這樣你就會充滿活力。當然，一開始你可能會感到懼怕。追求夢想的不安似乎與恐懼很相近。但是因為夢想沒有負面情緒，所以你會感到興奮以及追逐的刺激感，而不是驚駭。

受到夢想啟發後，你會更願意為了自己真正想要的一切去克服恐懼及其他障礙。這些障礙包括拒絕現狀、看扁自己，以及認為成功是「限量」的。當你迫切想得到某些東西時，你也準備好採取別人看來可能很瘋癲的方式來進行，你的欲望會為夢想帶來活力、敬業的態度和意志力。一旦這些力量與恐懼平起平坐，就能推翻恐懼——即使你在這些過程中一次又一次、接二連三遭遇失敗。

這就是知名保育專家和靈長類動物學家珍．古德夫人（Dame Jane Goodall）在二〇一五年的一次演講中[7]所說的，那時她談到我們內心深處的「人類不屈不撓的精神」：

> 你，我，我們每個人身上都有著不屈不撓的精神。我們就是要學習釋放它，追隨它，信任它，跟隨它帶領我們前進的方向。拋開恐懼，走出去，做那些我們希望去做的事情。這就是我們能做的一切。這樣才能讓世界更美好。

你不必先成為偉大的精神導師或稀有少見的人，才能追隨夢想。我們每個人都已經具備了追求夢想所需要的條件。

Chapter

18

真正的聯繫及親密感

哪些人可以說是「你的人」？你能求助、真正了解並接受你的人？

這很重要：被了解和擁有歸屬感是人類的基本需求，而不是可有可無、錦上添花而已。人生的奧義不只有你是誰，還有你**屬於**誰。做為單獨的個體，我們不可能在自己的小世界中自給自足，我們都是社交動物。缺少了人際關係，我們不會壯大、成長，甚至可能根本無法生存（至少孩童就無法做到）。

實際上，歸屬感可能是我們最強烈的心理欲望。我會在本章中說明，歸屬感還可能是應對強烈痛苦情緒（包括恐懼）最重要的一種欲望。我們有時甚至假裝適應一切，模仿同儕，甚至絕口不提自己的價值觀或觀點，或直接遵從他人的價值觀──只為了獲得歸屬感。

歸屬感為你編織一道安全網，讓你感到舒適、自信和幸福。當情況變得艱難，感覺悲傷或生氣、恐懼時，每個人都需要一個自己能夠求助的對象。歸屬感也是強大的恐懼鬥士，而且深有奇效。擁有歸屬感，你知道自己無論如何都是被愛的，因而敢於冒險嘗試。

去看看頒獎典禮上的獲獎者們發表感言，幾乎一定會看到他們朝著台下某人點頭致意，對方通常都是獲獎者生活中的避風港，能接受他們的不完美和缺陷，並達到普世的、人類之間的聯繫。這些人可能是整理裝備的後勤單位隊醫、老師、最佳搭檔或隊友。無論是誰，親密關係的品質常常被證明是消除憂慮、讓人表現更加出色的關鍵。

迴避親密

我們可以說是為了與他人產生聯繫而生，具有深刻的社會直覺。我們可以做到不必交談就能明白彼此的心思，也可以解讀社交環境中發生的事情。有時甚至一個字都不必說，我們就能感覺到旁人的狀態或情緒，還可以預測他們的希望和恐懼。能做到這點，主要得歸功於我們經常分享這些情緒。神經科學才正準備開始探究這種同理心的能力。

那麼，我們為什麼要避免與人產生聯繫呢？為什麼要避免眼神交會？互動如此冷淡？為什麼要精打細算傳訊息的時間，只為了避免自己顯得過於迫切的渴望？為什麼我們抑制自己的情緒只為了不讓自己看起來過於情緒化或滔滔不絕？

回想上一次與同事出現爭執的情況。你是否真的與對方產生聯繫，注視他們、向他們展示自己的感覺、表現自己？我知道這不常見。但是，當我們關上了原本對於親密感的直覺天線，我們並不會對自己感覺良好，反而會感到孤獨和陌生。

我們保持沉默，是因為「個體」的文化信仰告訴我們，我們每個人都必須為自己而活，要獨立，不要靠別人。但這麼做就斬斷了我們所需的情感聯繫。因此，人類演進的生活方式不是不斷融合、加入廣大的社群，反而是經常嚴重依賴一兩個人的支持和偏愛，這些人可能是你的伴侶或最好的朋友。除了這幾個重要人物之外，我們對其他人全部三緘其口，自己的所有事情都是私事。根據作家約翰．海利的說法，結果就是——就算身邊有著許多人的陪伴，也仍會感到孤立、孤獨和恐懼，男人特別容易如此。他寫道：「寂寞就像沉重的煙霧，籠罩著我們今天的文化。」8

歸屬感的實際作用

有三個敲門磚可以打開歸屬感的大門：友誼、善良和親密。三者結合在一起，可讓人建立認同感，感覺「我可以屬於這裡」。

大多數人都能接受前兩者是很重要的元素，唯獨親密卻被擱置在一旁。問題是，偏偏這種深層的聯繫，是我們能夠面對和替代恐懼的最佳盟友之一。

親密感是我們彼此更進一步了解真實狀態時所創造出來的特質。這是很大膽的事情，遠比分享自己已掌握的具體事實還要大膽。

我的職業生涯中，大部分時間都待在男性體育隊伍中。我可以肯定，用親密感克服恐懼確實出乎許多人的意料。團隊合作和凝聚彼此？這人人都能接受。統一服裝？這也沒問題。真正認識彼此呢？哇，你在說笑嗎。

你可能和我合作過的許多選手一樣，誤以為在隊友間不是你死就是我活的「人吃人」競爭之下，不可能產生親密的關係。你可能還誤以為，親密關係會使每個人都過於情緒化，隊伍會陷入一團混亂。錯了，這兩種想法都是不實的謊言。

以一對一的方式或在團體中建立親密關係，都是可行的：像是團隊、工作場所、人際關係或家庭。重點在於如何發展出真正持續的親密關係，而不只是曇花一現的團隊合作，或表面上的共同進退。

發展親密關係的方法

當我們傾聽彼此，同時展示自我時，親密關係就會開始慢慢發展。我們或許需要展示一部分自己不願讓別人看到的想法、情況和經驗，或是在他人敞開心胸時也必須願意做到陪伴與傾聽。

最驚人的例子是，我曾工作過的澳式足球俱樂部理士滿猛虎隊（Richmond Tigers）。我離開後的那個賽季，管理層決定投入更多時間和精神聯繫隊員。雖然他們以前就曾使用過心理學的工具和分析方法，但直到隊員真正產生聯繫以後，他們才出現重大改變。

當時的猛虎隊和其他大多數球隊沒什麼不同，是有組織、重視服從與獻身精神的優良球隊。但是服從來自恐懼和尊卑觀念，而不是出於愛；獻身對象只是一個理念，而不是同袍隊友。康拉德・馬歇爾（Konrad Marshall）所著的《黃黑配色》（*Yellow & Black*，暫譯）[9]描述了他們在二〇一七年如何以巨大的轉折贏得超級聯賽冠軍，打破了隊史三十七年的零冠軍紀錄。猛虎隊的事蹟是所有大逆轉故事中我最喜歡的其中一則，因為我知道這背後需要多少心力投入其中。

教練達米安・哈德威克（Damien Hardwick）引入了名為「三H」（Triple H）的脆弱和凝聚練習。「三H」概念是來自職業美式足球教練喬恩・高登（Jon Gordon）的《先在更衣室裡贏》（*You Win in the Locker Room First*，暫譯）一書[10]。

打造一支成功的澳式足球隊，聽來好像與你的生活沒有直接關係。但是，如果你可以在四十四個體育硬漢間建立親密關係，那麼你大概隨處都可以建立親密關係了。

「三H」練習要求每個人輪番面對整個團隊，分享自己人生中的三個故事：一個英雄（hero）故事、一個艱苦（hardship）故事和一個亮點（highlight）故事。猛虎隊的教練帶頭開始，然後由隊長川特・科欽（Trent Cotchin）接手；在整個賽季中，全部四十四位球員都完成了這項練習。

球員們傾訴了失去至親、照顧身心障礙的親人、克服貧困或種族主義的種種過程，以及如何體會諸如愛情和當爸爸之類的快樂情緒。實際上，他們談到的內容包括人類生活的所有方面。

正如康拉德．馬歇爾所寫下的記錄：「在五十個肌肉發達的傢伙面前舉行的這些閉門真情告白會議，往往在掌聲、淚水和大夥抱成一團之中結束，最後也發揮了血濃於水的作用，使球隊在賽季進行到一半時團結起來，最終成為名留青史的冠軍隊。」

跑衛布蘭登．艾利斯（Brandon Ellis）告訴隊友，自己在公共住宅的公寓大樓裡長大，還曾在商場偷衣服，他感覺「像人渣一樣」丟臉。後衛老將巴查爾．侯利（Bachar Houli）則溫柔地談到自己對於女兒的出生有多麼感動，還有他認為現在每次見到父母都要親一下是很重要的。

另一名球員尼克．弗拉斯陶恩（Nick Vlastuin）說，在輪到自己站起來在隊友面前講話前，他已經「屁滾尿流了好幾個星期」。他談到了自己的祖父——他是第二次世界大戰中的荷蘭士兵，被俘擄後先在樟宜被關了四個月，又被送去修建泰緬鐵路。

在體育界，這種表現脆弱同時提升凝聚力的會議，被稱為「提升表現的正當要義」，能釋放人們對於自己被看穿的恐懼，創造出真正的團結。我們可以從事其他類似的練習，而不一定非得分享「三H」，但這類練習必須以親密為目標。

那麼親密關係如何催生團結？球員班．藍儂（Ben Lennon）在《黃黑配色》中說明了另一個面向：「當你知道隊長與剛入行兩三年的球員想法相同，這意義可是非常深遠。『我們就在這裡與你同在，我們知道你站在那裡講這些事情很痛苦，但我們支持你。』」[11]

真正的親密感是一種特殊成分，會降低你的防衛和戒心，讓你投入團體之中，不必再擔心暴露於眾人的眼光之下，消除自己必須冷漠裝酷的壓力及彼此產生距離的障礙。

親密感還可以預防「羊群效應」，讓身為下屬的「羊群」們不會因害怕講出愚蠢的話而丟臉就不敢站出來，或服從領導者而從不撫其逆鱗。

反過來說，當你知道自己就算站出來說話仍會屬於這個團體，你的頭腦就有更多空間產生清晰的思維，能夠機敏而勇於冒險。

最重要的是，親密感激發了關懷和愛心。大家會向自己所愛的人學習，能與愛他們的人一起冒險，共同承擔失敗的風險。

布蘭登．艾利斯表示，他不確定自己如果沒有經歷過「三H」練習的話，場上的表現是否會相同。他說，在這些階段中，球員們互相展示彼此的自我，以及為什麼成為今日的模樣。「我們不想假裝。」艾利斯說。「我們要讓你知道，『這就是他媽的我』。今年，我們在關懷方面已經大有改進。現在我們深深串聯彼此。」[12]

還有其他改變也幫助了猛虎隊成員建立聯繫。在做出決策時，他們先考量球員的觀點，以更民主的方式選擇最終版本。領導能力也得到改善。此外，還有正念練習以及教練與隊長導師時間。

球隊的領袖也要面對自己的恐懼，這是另一種促進團隊凝聚力的強大方式。隊長川特．科欽（Trent Cochin）在賽季開始前跟隊員們進行了一次不同尋常的演說。身為澳洲澳式足球聯盟（ＡＦＬ）中最受尊敬的領導人之一，科欽決定嘗試一些新的做法。他告訴大家，自己在經歷了令人失望的二〇一六年賽季之後感到非常脆弱、無望，而且害怕失敗。他說，他覺得自己有能力成為他們的好隊長，但他需要把自己先交給團隊，才能做出最好的選擇：

> 整個二〇一六年，烏雲籠罩了大部分的時間，特別是年底。我從來沒有在任何方面表示自己的脆弱，特別是以足球隊的隊長身分。到了二〇一七年，我感到

自由了，那是因為我在這年的某個關鍵時刻曾站在四十四名隊友、朋友，甚至是與我同齡者的面前傾吐我的心聲。我很害怕做這種事情，但這也是我一生中最有意義的經歷之一[13]。

演說結束時，每個球員都上前擁抱他。他的率真為親密的關係打開了大門，也讓團隊的其他成員有辦法一一加入。

球隊領袖訴諸身分認同議題，除了帶來更廣泛的轉變，還解決了可能長期糾纏俱樂部和球員的恐懼：種族主義。種族主義在澳式足球聯盟裡也是一大難題，就像其他地方和整個人類社會之中的體育運動一樣，儘管球員之間的種族歧視事件已經有所減少。為了改變球迷的觀點，一旦有什麼事情發生，澳式足球聯盟俱樂部的反應通常是支持原住民的和諧與權利。

每年賽季結束的週末，都有一場「夢幻時代」（Dreamtime）球賽。那年正是一九六七年廢除歧視公民投票滿五十週年的時刻，種族議題尤顯重要。通常在賽後演講中，教練達米安不會特別挑出某個球員發表意見。但是這次，他向麾下球員、綽號「沙達」或「矮仔」的沙恩・愛德華茲（Shane Edwards）致敬。那天，沙達正身披六十七號球衣。康拉德描述了當天的情況。

他（教練）告訴全隊他很欣賞愛德華茲帶給這支球隊的一切——他已經貢獻了十一年。他指出，連同這場「夢幻時代」比賽在內，愛德華茲已經為理士滿足球隊出賽了一百九十二場球，這是澳洲原住民足球運動員史上最多的出賽紀錄。

「我愛沙恩・愛德華茲，」他停頓了一下，指著這位矮小的中場球員說。「今晚我想看到大家對沙恩・愛德華茲的愛，因為他是我們大家庭的一員。就像我們愛巴查爾，愛我們的隊友勞埃迪和傑克一樣。我們會為家人做點什麼。我們為他們而戰。我們支持他們。今晚，讓我們與沙恩・愛德華茲站在一起。」14

他藉此強調了原住民和非原住民球員之間的親密、歸屬感和兄弟情誼。

你願意分享真實的自己嗎？無論在小組、團隊甚至是情侶關係中，大多數人都會「做做樣子」，因為我們想要保護自己免受拒絕和痛苦。但是這種膚淺做法反而會帶來更多恐懼和孤獨。而且，就算是擁有共同目標或機緣的情侶或小組，只要他們之間的聯繫鬆散，面對壓力也會崩解，毫無親密可言。

你如何提高親密的程度？我是個老是把自己「做小」、性格又內向的人，不太喜歡龐大的社會群體，也不太公開表現情緒。但是我十分欣賞真正的親密所帶來的好處。真誠坦率地說出自己的心意，就可以與不認識的人更加親密，而且很重要的是，你必須以與人交流、而不是疏遠他人的方式說話（尤其是你的名字或職銜前面有「博士」，可能會讓人膽怯！）。

好好聆聽也有幫助。這表示對方知道你正在仔細聽他們講話，而不是急於想去其他地方。提供反饋可以建立親密關係，和某人分享自己觀察到的真實反饋也有幫助。但最重要的是，這不是角色扮演，而是要當你自己——不管你的談話對象是誰。

你還可以思考自己無意間進行的「印象管理」程度。你是否曾因為覺得太過私人或驕橫而不想多說——即使對方是親近的摯友或伴侶？如果有人稱讚你，你與對方保持眼神交流會感到不舒服嗎？你在進行互動時會進行多少自我調節，以確保自己能在他人眼中留下正面印象？諷刺的是，人們往往老早就能感受到你有多開放或有所防備了。就算是聯繫和親密關係裡最微小的表現，都可以大幅改變社交互動的過程。如果你覺得自己夠好了，就無需隱藏太多。你可能認為自己得感覺更安全才有辦法與人變得親密，但矛盾的是，你只要鼓起勇氣去追求親密，親密感就能為人際關係、夥伴關係或團隊帶來驚人的安全感。對於我們大多數人來說，親密感及其帶來的關懷，正是打擊恐懼、恢復韌性的待採之泉。

Chapter 19

熱情

每個人在一生中都會經歷某種程度的掙扎和痛苦。每個人都會面對失落、悲傷、心痛和憂愁。痛苦——無論是情緒和精神的痛苦，是存在之必然。

痛苦會以兩種方式出現。有時候，一個人忍受的痛苦會使他們崩潰，造成的結果可能是抗拒、沮喪、冷漠、仇恨或深深的憤怒。痛苦與恐懼結合起來的力量，足以摧毀你所有的生活和人際關係。

但是，你可以做出選擇，按照本章的故事展現，去降低痛苦程度。有一種魔法可以轉變痛苦、克服恐懼，造成這種轉變的因素，就是**熱情**。

裘莉・布雷拉利（Joeli Brearley）一手創辦並經營英國慈善機構「懷孕就完蛋」

（Pregnant Then Screwed）。這個組織幫助受到懷孕和產假歧視的婦女，同時遊說催生法律改革。成立這個機構的契機來自於她的自身經歷：她告訴雇主自己懷有四個月的身孕以後就被解僱了——而且還是以語音留言的方式。她說：

至少有兩個星期的時間，我完全沉溺在各種情緒裡——不斷在憤怒、受傷和恐懼間徘徊。感覺就像他們在我最脆弱時重重一擊。我很害怕這件事對我的職涯造成影響，更怕將來賺的錢可能連棲身之處都負擔不起。何況，每個人看到我就知道我有身孕，還有辦法找到另一份工作嗎？

我的朋友和家人給了我深深的擁抱和同情，讓我可以盡情哭泣、怒吼和大罵一頓，這些確實對我的幫助很大。配偶也很包容我，讓我發洩了一下，然後告訴我現在該做點什麼了。他鼓勵我申請其他工作，我很幸運地找到了一個非常適合我的工作。

生下西奧後，我罹患了嚴重的產後憂鬱症。我猜被解僱的事情也推了我一把。最初幾個月，我滿腹苦水，滿腦子都是復仇計畫。每次我只要遇到另一位新手媽媽，都會問她工作方面有沒有出現什麼不尋常的事情。懷孕期間遭受歧視雖然於法不容，但實際上的情況卻比我想像的還要普遍。被欺負、成為冗員或遭到刻意刁難而無法完成工作的女性所在多有。

最後，一位同事對我說：「妳必須放下這種憤怒。」我才發現，要做到這一點，最好的方法是將我的憤怒引導到幫助其他女性之上。這讓我感覺很興奮。現在「懷孕就完蛋」已經營了五年，我們幫助了許多需要援助的婦女，其中有些甚至遭遇流產或無家可歸。我不再為自己的遭遇感到生氣。整個轉變可說是一種徹底的淨化，而我在做正面積極的事情時，感到非常自在。

你可以選擇專注於改變、修復、克服或解決某些問題（也許是你所認為的痛苦根源），而不是任由恐懼挾持。雖然恐懼依舊存在，但你可以把痛苦導進某種原始的激情，這種激情能改變現狀，讓人即便害怕也要拒絕沉默或停下腳步。

容我舉一個經典的例子。下面是氣候變化倡議人士葛莉塔·通貝里（Greta Thunberg）於二〇一九年九月在聯合國對世界各國領袖的演講摘錄：

這完全不對……你們怎麼敢繼續無視這個問題，還來到這裡說你們做得夠好了。所有必要的政策和解決方案仍然遙遙無期。

外人給她的說法和她自己的經驗，兩者差距實在太大；她的回應有兩種選擇，一個是恐懼，另一個是憤怒。她選擇了憤怒。

將痛苦轉化為熱情

熱情增強了我們的感覺及化學效應。熱情是超越理性和思維的一種強烈能量，它有很多種形式，不僅包括墜入愛河或情慾，而且不一定總是正面的力量；它也可以是充滿憤怒、仇恨、侵略性的，或是純粹只想要證明某件事情。

有一種人會將熱情投注於自己的痛苦中，令人敬畏。他們是行動者，面對大多數人在文化框架下或個人層面會迴避的恐懼時，他們拒絕當個呆板的服從者，也不會馴化恐懼說：「噓，別動」。

安東尼是潘麗出版社（Penificent Publishing）的共同創始人，這間公司以漫畫和工作坊等各種方式處理年輕人的社會問題。他的熱情在於藝術，還有向城市的孩子們傳授世界運作的方式，以免他們重蹈自己的覆轍。他說：

潘麗出版社以漫畫的形式向孩子們展示人生中種種出錯的可能及規則。我畫得很寫實，因為我就是活在那些故事裡。這能引起孩子們的共鳴，因為他們也活在那樣的世界裡。我看到像我一樣的孩子，他們的偶像是足球運動員、饒舌歌手或毒販，然後就沒有然後了。回顧過去，我發現沒有人幫助過我。沒有一個正面積極的大人告訴我，「別這樣做，孩子。」沒有人教我們任何事，沒有人告知我們。孩子就是這樣踏上歧途的。而我不希望其他孩子再步上我的後塵。

安東尼經歷的事情包括：打架、偷竊、被開除學籍，然後坐牢。他所目睹的暴力影響了他的心理健康。「那一帶的人常常看到許多瘋狂直接的暴力。這些東西會把你搞瘋，帶來創傷後壓力症。」他說，自己還是青少年的時候就處於「生存模式」。十五歲時，他還曾被刀刺傷：

那是我人生中頭一次感到極度害怕和憤怒。我的腎上腺素暴衝得太多了，多到我已經被刺傷還想試著反擊。那很可怕。想像一下，當你死去時，腦中只有憤怒。我那時真的快死了，他們把我抬到救護直升機上，飛到醫院。我仍然怒不可遏，不斷想掙脫擔架爬起來，但最後因體力不支倒地。

回頭去看，他發現當時的自己承受了許多痛苦，卻沒有人能和他談談。他表示，在黑人和非洲加勒比海文化中，精神健康問題被污名化了。

這是一個不能談的、隱形的傷口。你知道把所有事情全堆在心裡面不說，有多瘋狂嗎？你唯一擁有的出口就只剩暴力。你成天只想著，媽的，管他的，如果有人弄我，我就搞回去。我不在乎自己會不會被槍殺。我也不在乎自己會不會死。我是如此低賤，深受自我毀滅的鬱悶摧殘。每天我都夢到自己要死了。

安東尼在十六歲那年入獄，被起訴的罪名是「合謀」犯罪；事由是他出現在搶案現場，儘管他並未參與犯罪。

我問法官，「我怎麼會知道合謀是什麼？」我不在乎法律怎麼說，反正法律就是不公平。想像一下，在同一年被刺傷又入獄的光景。監獄裡的人問我：「你為什麼進來坐牢？」我說：「我不知道，我哪知道。我就這樣進來了。」我真的完完全全搞不懂。

他在十八歲第二次入獄時，讀了一部名為《異種戰士》（*Mutant X*）的X戰警（X-men）漫畫。

我一直以為漫畫很怪異。後來我發現，《異種戰士》講的是馬丁・路德・金恩（Martin Luther King）和麥爾坎・艾克斯（Malcom X）的故事，他們的故事很隱密地摻進故事之中。我想，我也要為英國寫一個這樣的故事，以黑人角色為主軸。這個故事會教導讀者關於人生的實用知識，例如學會去觀察誰才是你信得過的人、受辱是可以容忍的、每件事情都有不同的觀點、談談自己的心理健康是好事，以及目睹暴力會讓你得到創傷後壓力症。

安東尼出獄後上了一門數位媒體、藝術和設計課程，在那裡結識了日後一起開創潘麗出版社的商業夥伴。

我創作的第一個故事《和平與戰爭》（*Peace and War*），是關於機器奴役人類的故事。機器是政府，而人類是工人階級——除非你靜下來分析，否則你不會注意到這個事實。當我發現我的漫畫能幫助孩子以不同方式思考，我感到很榮幸。我的故事不再重要了，那些都已經過去了。重要的是下一代，以及我自己的孩子。我不希望他像我這樣長大。我希望孩子們能夠從那樣的生活裡醒悟，知道自己不能那樣子生活。我的作品能接觸到越多人越好。

以熱情創造改變

我們許多人直到現在仍相信安東尼小時候學的那一套：忽略艱苦的感受、避談自己的痛苦，才能堅強活下去。事實上正好相反。壓抑痛苦會使我們處於恐懼狀態，感覺生活隨處都是威脅，下一件倒楣事隨時都會發生。

然而，我們應該問問自己，在痛苦中如何找到有價值的黃金機會？痛苦是否引導你更了解自己一些，使你增強了原本沒有機會培養的韌性、意志力或智慧？你的痛苦能引導你找出真正關心的事情嗎？安東尼就是這樣，他意識到自己不希望孩子去經歷他所承受過的悲傷。或者你也可以自問：你的痛苦也可能發生在他人身上，你是否也想去幫助身陷同樣痛苦的人？

當你面對痛苦及隨之而來的各種強大能量時，你面臨的挑戰是設法創造環境和機會，使痛苦能夠持續不斷地流動，直到能在你身上順暢流動為止。

痛苦停留在我們身上的時間越長，越會拖垮我們，也越不會褪去或改變。討論痛苦可以讓一切繼續往前走，而不是一直停留在我們身上。我們也可以藉由藝術、舞蹈、體育或其他身體活動來表達。甚至專注地呼吸也行。就像第十二章中米莎羞恥的紅色斑點一樣，痛苦需要出路才不會被卡死。找找看，自己還能以什麼方式阻擋痛苦，並想想痛苦在你身上該如何流動。

如果你也覺得痛苦，而且可以像安東尼一樣找到以熱情抒發痛苦的方法，就能將痛苦轉變為積極正面的力量。你不必成為下一個葛莉塔．通貝里或改變世界，但是你可以利用熱情的力量來創造出有意義的改變。

Chapter 20

歡笑

如果恐懼的能量把你拖進消極和恐懼之中，那麼笑聲的作用恰恰相反。幽默是由愚蠢、矛盾和違反邏輯所組成，能讓你轉換心態，以樂觀的態度面對世界，儘管有時效果短暫。但是面對逆境，這可能是唯一的解藥。

四十八歲的艾瑪．坎伯（Emma Campbell）最近十年的人生，可說是如電影情節般充滿戲劇性：在大兒子六歲、三胞胎六個月大時，乳癌闖入了她的人生。在診斷結果出來的前幾週，她與伴侶分手。五年後，遇見了她現在的丈夫戴夫——隔天，她就被告知第二次罹癌。在那之後，五年過後，她的另一側乳房也出現腫塊，肺部還發現繼發性腫瘤。

六個月前，艾瑪切除了一部分的肺，然後接受乳房切除術和重建手術。「儘管發生了這些事情，現在我比以前還常開懷大笑。這不是很奇怪嗎？」她說。

我天性憂愁，也害怕死亡的感覺。在二十、三十多歲的時候，我的焦慮和恐懼感越來越沉重。我看到人們仰頭捧腹大笑時，總覺得自己無法明白那種感覺。我的孩子會對我說，媽咪，妳怎麼都不笑。

然後，最糟糕的事情發生了，而且一次又一次，重複發生。現在我會笑了。即使有時筋疲力盡，而且當四個孩子的媽也不是容易的事，但我的生活還是很開心。對我而言，幽默與自尊有關。當我變得更有自信，幽默感也自然跟著進化了。

現在，我傾向於對一切很自然地輕鬆看待。理論上，我的病是無法治癒的，但我比以往任何時候都快樂。這就是所有事件帶來的禮物。

對於艾瑪而言，新發現的幽默來自於親密和人際關係。

我並不覺得講笑話特別好玩，但我喜歡與親密朋友和戴夫共同分享的玩笑。

在遇見他的前一年，我記得當時在納悶自己是否可能擁有新的戀愛關係。然後，我寫下了希望新配偶能擁有的特質，例如忠誠和熱情。而且我記得寫過幾次「玩笑」一詞。我希望在某個人身邊能感到這種輕鬆自在，以及在非常非常了解對方時才能私下分享的內心旁白，甚至只是揚起眉毛也會讓你微笑——這正是我們所擁有的。

當然，有時候感覺不好受。我一直待在最黑暗的地方，深信自己時間所剩不多。最近，活著的慰藉和發生在我身上的一切巨大打擊，不時踩到我的痛腳。當我和朋友布若妮一起跑步時，我們可能還會歇斯底里地大笑或大哭。兩者都是一種抒發。

我覺得很有趣的事情，其實是非常黑暗的——在過去五年中，我花了很多時間進行治療，因此有很多關於醫院的趣事。例如戴夫一直對我說，我穿著白色壓力長筒襪看起來真是太性感了。

我確實感到非常幸運。二〇一九年的奇蹟是，在接受肺部手術四個月後，我發現腫瘤是良性的。更好的消息是，醫生們現在認為我另一側乳房發現的腫瘤是原發性，而非繼發性的。

我很感激這一生。我專注於美好事物，一整天都在安靜地說「謝謝」，就連我在洗澡或喝茶時也是。笑和感激讓我有辦法接受自己的遭遇，然後持續成長。

心理學家一直試著揭開幽默之謎，了解為何幽默是應付恐懼、焦慮和壓力的最佳應對機制。針對幽默的卓越研究專家、加拿大的西安大略大學（Western Ontario University）教授羅德．馬汀（Rod Martin）表示，幽默以三種主要方式發揮作用。

幽默也需要刻意而為

首先，正如艾瑪所說，幽默在人與人之間建立了連結，即便是讓我們感受威脅的因素（例如診斷結果和住院）也可以讓人們建立聯繫。幽默感很快就能做到這點，同時讓我們知道，同伴在我們最需要的時刻，站在我們旁邊。

幽默的第二種運作方式並不那麼複雜，它可以幫助你避免感到不舒服、憂心、焦慮或恐懼等任何情緒。如果你曾在自己感到最焦慮的時候咯咯笑或大笑，那是因為你一直都很有幽默感。你可能搞不懂為什麼自己會笑，因為就是沒有理由。笑就是消除由恐懼造成的緊張情緒的有效方法。

最後，當你感到害怕時，還可以用幽默來減少恐懼，這是一種刻意控制恐懼的反應。如果你願意的話，還可以直接面對恐懼大笑。選擇幽默會改變你的認知過程，使你心裡有更多空間冷靜應對。這是一種刻意努力，使你的精神空間持續正常運作，並關閉那些被恐懼沖昏頭、使你不知所措的陰暗角落。採用幽默和微笑的態度可以改變情緒，激發出不同的精神；而當恐懼隱約出現、厄運將臨時，幽默就會帶著微笑，輕鬆地說「又來啦」。這麼做對你有幫助，畢竟你的想法會左右你的感受。

這種「單向幽默」是英國海軍精銳的戰鬥部隊——皇家海軍陸戰隊使用的心理策略。這種策略具有四個既有核心價值：勇氣、決心、無私，最後是「面對逆境時的歡快」。從表面上看，幽默在這麼嚴肅的主題中扮演如此重要的角色似乎很膚淺，但是現在已經證實，幽默的重要性不僅在於建立同袍情誼，還能協助釋放壓力。

「幽默感對於皇家海軍陸戰隊的作戰效能極為重要。」退休少校史考蒂・米爾斯

（Scotty Mills）說。「強烈而堅定的幽默感，是使皇家海軍陸戰隊能夠處理危險的重要因素之一。」

米爾斯這樣描述自己在工作中看到的幽默感：

我曾在挪威北部、北極圈內的山區進行艱苦的訓練。訓練內容相當艱辛：穿雪靴步行、學習求生技巧、建造棲息所和雪洞，以及萬一掉入冰裡如何脫身。展開訓練的條件幾乎都低於攝氏零下三十度，這時如果你要生存下來，靠的不僅是團隊合作，還有心理力量。

有天晚上，我參加了巡邏訓練，其中一個部分是滑雪二十公里後對敵人發動進攻。回程我們採取的路線會橫跨一片開闊卻結凍的湖泊。隨著夜幕降臨，溫度急速探底。到了半途，我們停下腳步圍成一圈，進行路線檢查。副指揮官的小隊使用風速計——這是一種測量空氣和風的綜合溫度，以測量風寒指數的儀器。當時風速計指出空氣溫度是攝氏負四十五度，風速達到每小時八十公里。所以我們所處狀態的風寒指數是攝氏負七十六度。

那是我經歷過、且一直想要經歷的最低溫。在這樣的溫度下，你必須蓋住身體的各個部分，甚至必須用面罩遮臉以防止唾液凍結或是眼皮凍在一起。面對這類情況，我們在海軍陸戰隊中常說的一句話是「記住你是誰」。這句話提醒我們，我們是特攻隊，無論多麼艱辛，沒有什麼事情是不可能的。

那天晚上，我們在冰上狂歡，分享了自己的願望：吃著多汁的牛排和披薩，用大量的啤酒把食物沖進胃部，然後開彼此的玩笑，嘲諷別人的披薩品味很差。沒有人敢不參加，因為那樣就會表現出自己的軟弱，而且我們都知道那會削弱我們的實力，我們這個團隊就不會那麼強勁果敢。

史考蒂補充說，就算是在最艱難的情況下，黑色幽默也有助於增加想像力。他舉了一個故事來說明，那是一九八〇年代後期與愛爾蘭共和軍（IRA）發生武裝衝突的過程。

那是一場真槍實彈的衝突，一名海軍陸戰隊員被帶有五發子彈的霰彈擊中，驚人的是他沒有受傷——但是其中一顆子彈擊中了他的假牙，假牙被旋進嘴裡。

儘管逃過這千鈞一髮的死劫，他還是躺在地上、帶著上下前後都顛倒著的牙齒喊著「人員受傷！」，試圖逗圍觀者大笑。

但因為他的牙齒歪斜、他本身英國東北部的喬迪（Geordie）口音又很濃厚，所以無線電頻道中沒半個人聽得懂他在講什麼。此時一群當地人跑出來提供掩護。幾分鐘後，那名海軍陸戰隊員站起來，跑過他們，一個孩子大喊：「您應該死了，先生！」海軍陸戰隊回答說，「海軍陸戰隊永遠不死！」然後吊著假牙持續跑著。他的幽默破除了令人不安的事實——我們當中差點有人中彈身亡。面對逆境時那種堅定不移的正面活力，是海軍陸戰隊基因的一部分。

黑色幽默有時會使我們一邊發笑一邊感到畏縮。它可以是病態的、血腥的、偏激的，甚至幾乎要惹人不快。黑色幽默有時也被稱為黑色喜劇或「絞刑架幽默」（gallows humour，即悽慘的幽默）。黑色幽默的主題通常是敏感的，甚至是犯忌的，有時會在意想不到的地方引來幽默感，例如在葬禮上或面對悲劇時。「哇，失去孩子真可怕，真不知道他的父母怎麼走過來的。」「可能是走棺材過來的吧！」

雖然並非所有人都喜歡黑色幽默，但這並不妨礙以這類方法有效地幫助人們應對恐懼和壓力。

正面幽默及黑色幽默

南非喜劇演員，同時也是美國諷刺新聞節目《每日秀》（*The Daily Show*）的主持人崔弗．諾亞（Trevor Noah），身兼作家、製片人、政治評論家，就很擅長以此類幽默應對敏感話題。

他是一名混血兒，出生於南非種族隔離政策時期。他第一次主持《每日秀》時就開了一個玩笑：「真心不騙。我在南非塵土飛揚的街道上長大，從來沒有夢想過有一天我真的會，嗯，擁有兩件事：一個室內廁所，和一份主持《每日秀》的工作。」

藉由這種幽默，我們（和他）都可以退後一步，看看那些我們原本可能更容易忽略、迴避或壓抑自己感受的情況。請確定你使用的幽默是單純的黑色幽默，而不是帶有敵意的。因為帶有敵意的幽默——負面、帶有侵略性和貶低意味——是沒辦法抵抗恐懼的。實際上，我甚至認為那種幽默反而會創造更多恐懼。那種幽默只會貶抑和傷害他人，那種能量是腐蝕性的，很容易超過分寸，形成霸凌或施虐。

在我的成長過程中，幽默是我家裡最重要的應對機制之一。你在本書前段曾看到，我的家庭狀況並不怎麼美滿：我被單親媽媽隻手帶大，家裡很窮，家中其他成員有吸毒、酗酒和暴力等問題。但是在種種混亂之中，我們總是懷有幽默感。

我第一次和父親見面，是在我十四歲的某個夜裡。那天晚上，媽媽在凌晨兩點把我叫醒說：「樓下有人要找你。」奇怪的是，我馬上就知道是誰。我穿著睡衣走下樓梯，恐懼與興奮夾雜。當我走進房間時，我瞪著爸爸，惺忪地說道：「你欠我大概一萬兩千英鎊的零用錢。」這句俏皮話逗得我們倆哈哈大笑，解除了緊張氣氛，同時也讓我們建立了聯繫。

我一生最艱難的時刻之一，是在親哥哥加夫的葬禮上朗讀悼詞半個小時。他長年受精神疾病和成癮症所苦，在三十歲選擇自殺，結束了這場長期搏鬥。

我不想勇敢，也完全不想站在所有熱愛加夫的人面前說話。我只想崩潰。我只想找一個藏身的地洞，永遠不要出來。

但幽默前來營救。我沒有談論悲傷，反而講了加夫調皮搗蛋的故事。我告訴大家，加夫有次對天發誓說自己沒在房子側面塗鴉……但塗鴉卻寫著「加夫到此一遊」。

還有一次，當時加夫十歲，他趁媽媽去工作時跟隔壁的老太太說媽媽要割草，是否可以把割草機借他。老太太心想：這男孩子可真貼心。結果他把割草機變成卡丁車，還在街上飆車。我那赤貧的媽媽不得不給老太太買台新的割草機。

我們家有一段時間充斥著家庭暴力。在某個特別瘋狂的夜晚，媽媽那情緒不穩、精神錯亂的前伴侶朝她臥室窗戶扔了顆手榴彈。當時她的心理狀態不是很好，所以我陪她在她的房間裡睡覺。手榴彈砸破了窗戶，把我們吵醒了。我看著那顆手榴彈，意識到嚴重性，然後迅速將媽媽和其他兄弟姊妹搖醒，瘋狂地抓著他們的脖子、衣服或所有我能抓住的東西，把他們全部拖下樓梯、衝進後花園。

手榴彈沒有爆炸——後來證明那是一顆啞彈。我們在冷風中待了幾分鐘後，媽媽看著我說：「好啦，史蒂芬，西格爾，我們現在可以回去睡覺了嗎？」我們同時大聲鼓譟起來。在這種荒唐、怪誕和難以理解的情況下，幽默是緩解緊張局勢的最佳反應。

心理研究表明，當你需要重新解讀情況時，正面的幽默實際上比黑色幽默還要管用。而面對嚴峻的情況，如果你還能夠自嘲那就太好了，例如媽媽逗我們（高興地）開懷大笑，以證明我的反應過度。

如果你能找出一種方法來重塑生活中的荒誕和困境，那麼這就是對抗恐懼的絕妙策略。如果你天生就不太俏皮有趣，何不就讓自己**糊塗**一下？這也是降低恐懼的一種好方法。逗樂別人，同時也讓別人逗樂自己；不要在乎自己的形象，也不要因為自己幼稚、愚蠢或看起來不酷而自責。一個孩子會肆無忌憚地大笑，笑到整個身體發疼，我們若覺得有必要更「成熟」而禁止自己表現出喜悅的模樣，那簡直是一樁悲劇。就讓自己咯咯傻笑，笑到你流鼻涕，笑到你無法用沙啞的嗓音來解釋自己到底怎麼回事。

如果你能夠學會輕鬆一些，不要老是那麼嚴肅，這樣不僅對你的健康有益，也能使你重新設定觀點，減輕恐懼產生的壓力。所以，重點是什麼呢？如果你想快速改變心情，就盡情享受真正的、即興的樂趣，笑一個吧！

1 喬治・姆班加的節目《你聽過喬治的播客嗎？》（*Have you heard George's podcast?*）可由以下網址收聽：https://www.bbc.co.uk/programmes/p07915kd/episodes/downloads

2 原書於二〇一八年由 Bloomsbury 出版。

3 福里曼・耶波亞（Freeman Yeboah, T.），二〇一八年，〈歐巴馬選擇前加納足球選手參加非洲領導人計畫〉（Barack Obama selects ex-Ghanaian footballer for Leaders Africa Programme），來源為 Pulse.com

網站，可參見：https://www.pulse.com.gh/sports/football/barrack-obama-selects-ex-ghanaianfootballer-for-leaders-africa-programme/554r1hm

4 瓦瑞克（Wrack, S.），〈阿富汗重要足球官員因涉性騷擾遭國際足總停職〉（Leading Afghan football official banned by Fifa in relation to sexual abuse），《衛報》（*The Guardian*），可參見：https://www.theguardian.com/football/2019/oct/11/afghan-football-official-banned-fifa-sexual-abuse-sayed-ali-reza-aghazada

5 波格吉（Bogage, J.），〈梅西在阿根廷獲勝時戴著記者的幸運符〉（Messi wore a reporter's good luck charm during Argentina's win），《華盛頓郵報》（*The Washington Post*）二〇一九年九月的報導。

6 原書於二〇〇六年由 Avery 出版。

7 布魯克林音樂學院劇場（Brooklyn Academy of Music），二〇一五年，珍・古德的演講，可參見：https://www.youtube.com/watch?v=ZXQfomDTp3Q

8 出處同2。

9 原書於二〇一七年由 Slattery Media 出版

10 原書於二〇一五年由 John Wiley & Sons 出版。

11 出處同9。

12 出處同9。

13 全球選手論壇（Players' Tribune Global），二〇一七年，「川特・科欽——關鍵時刻」（Trent Cotchin - Defining Moment）。可參考：https://www.youtube.com/watch?v=Dob-KZm1piM

14 出處同9。

結語

愛比恐懼更強大

現在，你讀到了很多關於恐懼的想法。這些想法可以幫助你思考哪些方法對你有用，讓你擺脫負面感受和恐懼。這些方法也能鼓勵你探索、嘗試可以讓你感覺充實滿足的事物，也讓你看出自己可能具有什麼樣的潛力。

一生中，你可能會發現很多不同的事物都有其效用。也許在某個時刻，你會發現自己對目標的理解不夠，然後你就可以專心面對這個問題。你也許會發現，自己終於不再感覺非得掌控一切，在這廣袤無邊的大千世界裡，你可以放手，信任某一件小小的事情。或者，你發現自己需要與他人分享自己的脆弱，以建立更深層的聯繫。

實際上，如果你仔細看看我提到的人物故事，他們找到替代恐懼的方式，大多有一個共同點……那就是「其他人」。

在第一部中，我分享了恐懼文化讓我們與他人孤絕的方式；恐懼使我們認為好東西永遠不夠多，所以自己隨時得處於「適者生存」的對峙狀態與他人鬥爭。由此導致「不夠好」的恐懼和行為也使我們彼此孤立，如我在第三部提到的——因為恐懼使我們批判、試圖控制甚至嫉妒他人，而壓抑我們表現出真實的整體自我。

現在，在這最後的部分，我希望你已在前面的篇幅（或至少其中一章）看到新的前進方向。具體而言，這些故事展示的是人們如何克服恐懼的根源——害怕自己被拋棄。要克服這個恐懼根源，就要以慷慨的精神看待人際關係，投注心力，想方設法在自己的舒適圈外幫助他人和世界，同時向外尋找愛、聯繫、歡笑和目標。

幸運的是，每當你需要重新審視自己的恐懼時，你都能回來翻翻這本書。恐懼會定期出現在你的生活。一旦出現，你就必須好好處理，因為恐懼幾乎不會自己消失。

破裂的關係和失敗所引起的悲傷和失望，雖會在適當的時候消融，但恐懼仍會糾纏不放。你再怎麼努力忽略，也無法獲得滿足感和成就感，但最糟糕的情況會搶走你的人生。

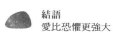

恐懼會貪婪地吸引你的注意力、精力和資源，讓你的人生彷彿不再屬於你。

促使你拿起這本書的原因，可能是你內在的所有力量、才華、潛力和可能性正群起抗議，不願被恐懼籠罩。你感覺自己有更多能量可以好好生活與奉獻，有開闊的心胸和抱負，有更多的野心等待釋放。你已經準備好由「內在獲勝」。

恐懼正是阻止你獲得這種精神自由的障礙。這就是為什麼恐懼值得我們好好清理的原因，儘管這並非易事，也非一蹴可及。現在，你已經開始研究恐懼為自己造成了多大損失，你會發現自己有更多寶貴的精神和情感能量，可以投入其他地方，投入在那些讓你變得更堅強、不會拖垮你的事情上。

我給你的挑戰是：不要讓恐懼支配你。擺脫恐懼的心理自由是一種選擇，而做出這種選擇的機會，絕對比你能想像的還要多。

想像自己像蛇蛻皮一樣擺脫恐懼，可能對你有幫助。一條蛇在長大的過程中會伸展皮膚，舊的皮再也包覆不住。同樣的道理，你過去的想法和行為在你的成長過程中，不會永遠停留。

當舊皮緊繃、讓你不舒服的時候，舊皮底下正在形成一層新的皮。同理，一旦你認定

「不夠好」的恐懼不再發生，某種新觀點就會在表面下逐漸成形，充滿活力，更適合現在的你。

拋下舊皮是蛇必須做出的一種努力，這種努力也適用於你。當蛇準備剝落舊皮層時，牠會摩擦粗糙堅硬的物體（例如木頭或岩石），讓舊皮產生撕裂或破口。同樣地，我也希望你在本書中讀到的所有故事都能幫你打破舊的思維、切斷恐懼的養分、不再找同樣的藉口逃避改變，就能使恐懼出現「破口」。

這個過程不是一次性的。就像蛇終其一生必須一次又一次地蛻皮一樣，在登出人生這場遊戲以前，你的心理成長也必須持續，同時也得時不時應付「不夠好」的恐懼。

一開始，你可能必須頻繁蛻皮，就像幼蛇一樣，但是你終究得不斷蛻皮，別無他法。而且，只要你能確保恐懼每次出現或開始累積時，可以蛻皮並且以不同的態度取代恐懼，最後，你就能學會減輕自己的痛苦，開始從「內在獲勝」。

外來的恐懼

在本書中，我談到許多關於如何以一己之力處理恐懼的方法。實際上，很多「績效心理學」只關注個人層面，或在親近的關係裡頭所發生的事情。

現在你已經知道，恐懼不僅只存在你自己的腦海。當然，你會製造、回收很多自己的恐懼，但這可不是你把自己關起來、獨自一人就能造成的。

這種對自我的關注，與在上個世紀左右發展出來的超級個人主義文化相伴相生：人生的旅程絕大部分都是獨自完成的，而觀察我們所生活的世界的唯一途徑就是由內向外觀望。這種觀點的問題在於，當你被情緒征服時，可能同時感到羞愧和自責，並進而認定自己是有缺陷的。

但是，你遇到的問題不只是「你」的問題，也是「我們」的問題。你遇到的困境就是我們集體面對的困境。

問題是當我們感到恐懼時，往往不太會向外求援，尋求旁人的幫助。我們傾向於關起門來，斷絕與外界的聯繫。但是，解決問題的其中一個方案是面對彼此、敞開心胸，而不是待在自己的泡泡裡。

擺脫恐懼的主要方法之一，就是建立親密關係，或是打破聯繫障礙。

這就是為什麼你會經常在與改變相關的故事中，看到這個主題：雅克想盡辦法找回與女兒艾米莉的聯繫；李伊在划船橫渡大西洋面臨低潮時打電話給同事史考蒂；哈莉達表示球隊及其他人的支持對她意義重大。那是因為「其他人」是我們真正的力量所在，而人際關係是我們驅逐恐懼的終極手段——是我們面對任何逆境、變化和恐懼的核心能力。

克服羞恥——某種程度上，這個問題也困擾我們所有人，使我們在生活中需要遮遮掩掩，或者毫不懈怠地證明自己——最有效的方式就是被**認可**。請認清，你可以展現真實的樣子，被別人看到，並且被接受。

你在前面可能已經看到這種情況，例如艾瑪和她的丈夫戴夫、傑克和他的父母，以及理士滿足球俱樂部全體球員。當我們能走出自己的泡泡，前往愛與聯繫的大門，認可或所謂的「見證」就會自然發生。

本書以充滿同理心的方式與你對話，同時也挑戰你去轉向他人尋求協助。大多的事情不能單靠一己之力完成，也不只在你內心的劇場發展。因此，你無需全靠自己搞定一切。

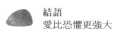

我們都是人類大家庭的一份子，相似之處遠多於不同之處。

最後，我想對你說的是什麼呢？那就是，愛比恐懼更強大。請選擇愛為你的旅途提供勇氣。如果你能做到這一點，那麼你就能無所畏懼，真正獲得由內在出發的勝利。

內在獲勝宣言

本書不是路線圖，而是由一系列想法集成——不只是一套想法，而是一種存在的方式。這本書也不談完美；我希望你已經透過本書看清楚，完美是一種廢棄無用的理想。這本書的目的是將你從不間斷的、壓垮你的負面情緒解放出來，轉而探索並嘗試更多可能讓人感到滿足的事物，以及真正的潛力。

當恐懼變得明顯，你一定會注意到，例如面對危機、悲劇或威脅時。但是請認清，恐懼也以不太明顯的方式現蹤。

在你生活中造成許多情感痛苦的根本原因，正是對**可能**發生的事情或**真正**發生的事情所懷抱的隱藏的恐懼。它們每天都在竊取你的成就感與內心的平靜。

如你現在所知，應對任何困難情緒（尤其是恐懼）的最佳方法，不是試著壓制，而是勇敢承認。你得誠實面對自己的情感，稱讚自己的勇敢，不要迴避或感到尷尬。更重要的是，你必須與這些情緒互動，才不會反過來任其主導。

我並不是說恐懼是敵人。恐懼只是生活的一部分，是我們人生的一部分，就像我們經歷悲傷、憤怒或心碎的情緒一樣。

請記住：恐懼來自你身邊的環境。我們的腦海總是隨時準備好製造恐懼，而這種氛圍也來自我們的信念和文化。我們隨時不斷在回收恐懼。看看你身邊的環境：家裡、工作場所、團隊、小組或朋友圈裡頭，究竟上演著什麼事情。仔細聆聽人們如何交談和建立聯繫。注意恐懼主導全局的頻率。

一旦看出恐懼正在張牙舞爪，就可以開始挑戰恐懼。

處理瞬間恐懼

面對，並立即採取行動。你拖的時間越長、恐懼的喘息空間越多，你的戰鬥就會越困難。重點是不要猶豫再三，請直接下手。這時你就可以運用技巧。一共有三種行為技巧：

你可以自行調配適當的組合，然後在不同時刻變化使用。

◆一、合理化

以邏輯來消除腦中的災難畫面，展開自我對話——你可以自行編寫對你有意義的對話內容。例如：

「你早就準備好了，昨天就準備好了。」

「你已經做過一千次了，現在只要再練習兩百次就好了。」

「根據統計數據，出錯的可能性很小。」

「有人闖入的可能性很小，而且警報已呈開啟狀態。」

「這裡沒有蛇——我聽到的聲響可能只是來自一隻松鼠。」

「司機訓練有素、有能力，他知道自己在做什麼。」

「以前有非常多人都經歷過同樣的事了。」

◆二、分散注意力

同樣的，你可以找出適合自己的方法，聽音樂、看電視、聽廣播或podcast。你也可以聯繫他人，或將你的想像力投入其他事物（例如玩遊戲）中，或將你的感知投入其他事物（例如玩數獨）中。

◆三、實際處理

採取呼吸練習，讓自己的身體和情緒平靜下來。想像積極的結果，給自己肯定或為所處的情況祈禱。你也可以做運動來放鬆肌肉。

處理「不夠好」的恐懼

◆看見

建立恐懼圖像

問問自己：是誰或是什麼事激發了你心中的恐懼？恐懼在何時何地發生？在什麼情況下？對你來說，你被披露出來最糟糕的事情可能是什麼？恐懼的可能表現形態有：完美主義、將自己的一部分藏起來、孤立自己、膽怯、對自己和他人做出苛刻的批判。在所有形式的恐懼底下，最深層的恐懼是害怕自己不夠好，害怕被排擠和害怕被拋棄。

承認恐懼的勇氣

說「我覺得我的行為就是這樣……」或「我正在重複這種行為模式……」或「我在重蹈覆轍……」或「我正在逃避這個機會……因為說到底我就是感到恐懼」。如果你認為恐懼是無能的表現，那麼你可能碰到一些盲點。但是，克服恐懼比盲目逼自己前進、忽視自己的需求更重要。

恐懼喜歡躲藏

你可能以為自己的擔心是因為害怕搞砸簡報導致在同事或老闆面前顯得像個白痴，但這只是表面上的擔憂，追根究底，也許你是害怕他們發現你不夠出色，無法勝任工作。或者你以為自己的擔心是現在所選擇的學科無法為將來的職業生涯打下基礎——然而在你內心深處害怕的卻是無法滿足社會或父母的期望。

你擁有一個足以全面了解恐懼及其意義的祕密武器：想像力

由於我們賦予科學、邏輯和理性至尊的地位，同時也貶低並忽略了深奧的想像力——我們獲取資訊和智慧的另一種來源。恐懼帶有強大的能量，但我們無法將每種恐懼都歸類，或用邏輯來描述。藉著想像力，你可以更接近正在發生的事情核心。

檢視自己如何回收了恐懼

我們傾向於將恐懼視為一種心理醞釀的產物，而不去理解其在文化裡所扮演的角色。在我們的文化裡有一種根深蒂固的信念——恐懼是成功的必要因素。如果你可以試著改變對成功者的信念，那就是好的開始。你可以從以下幾個方面開始質疑：競爭、努力、擊敗或貶低他人、變得更好、擁有更多——這些事情真的有用嗎？

◆面對

一旦對恐懼有了更清晰的認識，我們就可以計算出你一生要付出的代價。

恐懼會改變你的成功經驗基調和品質嗎？

你可能會覺得沒有什麼是足夠的，永遠不滿足也不快樂。你可能會永無止境地尋找下一步。你可能還會擔心失去自己已經擁有的成功，而且感到不安和不滿意，幾乎完全感受不到感激或滿足帶來的快樂。

恐懼會阻止你嘗試、啟動或停止哪些事情？

你是否在大多數方面都是優秀的領導者，卻不願去挑戰一位你明知有問題但備受尊重的同事？你是否不願公開談論自己？恐懼如何影響你的人際關係、精神和動力？對你的幸福感又會產生什麼作用？恐懼阻止你向前甚至試也不試嗎？因此，你寧可放棄也不願失敗；你考慮辭職也不願面對批評；在對方拒絕前就決定先切斷雙方的關係。

恐懼對你的人際關係有何影響？

這點很重要，可能是你一生中最重要的事情。如果你不希望其他人知道你的恐懼，那麼當有人談論的話題接近你的恐懼，或使你感到備受威脅時，你可能會讓自己處於戒備或防禦心態，甚至脾氣暴躁。或者，你可能會抽身退出，與旁人保持一定距離。或者，你在與家庭互動時或在親密關係裡頭反應過度——因為那是你少數可以表達情緒的地方（但你卻說不出為什麼會反應過度）。無論哪種情況，你都可能發現自己很難活在當下——此時此地，這段關係。

面對恐懼會讓你在查看自己的價值觀和認同感時感到些許不適

你是否誠實表現真正的自己？還是恐懼挾持了你，使自己的舉止、思維和感受偏離了你的核心價值？如果我問你相信什麼，你的回答和他人眼中的你一致嗎？你描述的自己與所展現出來的自己，兩者間的差距，可能就是恐懼造成的。

◆取代

儘管我們可以發展自己的心理特質，但恐懼是人類本性的一部分，這個事實是無法改變的。恐懼只能被阻止或引導，我建議你**刻意**阻止並引導，才能享受更美好的人生。

最重要的是，你可以引導自己甩開限制住你的恐懼，轉而擁抱更有價值的事情。這不能靠魔法，也沒有必勝祕笈，而且過程也不一定很快，但卻很真實。

重寫你的人生故事是有可能的（也對你有好處）。你不必寫得非常完美、像童話故事一樣。拾起筆來吧。

請以更有畫面的詞彙思考人生

想像、決定、做、掙扎、搞砸、更新、期待、再出發。

說出自己是誰、關心和想做的事，不要因為這些努力可能血本無歸就認賠殺出

失敗是你在學校學不到的機會教育。當你反思自己時，你會發現根本沒有所謂的舒適圈。找到你能運用的事物，就努力去充實自己吧。

在生活中擁有堅強而持久的目標，能導正我們看待事物的方式

你的目標不一定要非常遠大，平凡的目標也一樣有效。如果你能擁有目標，那麼每天更有可能認真過生活。

想像、渴望和夢想，來自百分之百的人性

夢想是創意和心靈的（可再生）火箭燃料。你可以問自己一個問題：「什麼事情能讓你拓展自己，增加對世界和（或）人的興趣？」

不要嘗試抹除錯誤或失敗

請將失敗甚至痛苦當成一種資源。事情就是發生了。也許你的心碎反倒使其他事情露出一些頭緒，顯現出深刻的情感與熱情。你可能沒有察覺到這樣的熱情——也可能使你看起來不尋常、躁動或有點奇怪，而你可能想要掩蓋自己這一面。熱情甚至有點接近瘋狂，然而，也可以是一種讓你超越恐懼的資源。

恐懼會竊取你與他人真正「相處」的能力

與你生活中的人們建立聯繫，而不僅僅是粗略的了解。改變你的開放程度，與他們建立真正的聯繫。這表示為各種形式的愛騰出更多空間。家庭以外的親密關係典範不常見，但是人與人之間的溝通、信任和同情，確實能治癒我們的恐懼。試著在自己的社區和人際關係中真正參與、活在當下，這些關係能培養你的韌性，也能為你緩衝所有「不夠好」的恐懼。

最後，回到當下

「不夠好」的恐懼會使你的腦中產生各種想法，迷失在自己的腦海裡，像行屍走肉一樣過生活，不再關心自己的感受。

你是否食而無味？老是背痛？

定期檢查自己的身體。讓所有的時刻變得沉穩而平靜。

生命就在當下。

致謝

本書著重在調整我們的恐懼及重塑恐懼，以擁有一種更接近靈魂的生活。這項努力的核心關乎我們與自己及他人間的關係品質。我覺得自己在職涯和個人生活方面都擁有許多得到祝福的、非比尋常的人際關係；沒有這些關係，我絕對沒辦法獲得巨大的進步。撰寫本書的過程，以及許多鼓舞和激勵我的人，都證明了這一點。

我開始覺得自己沒資格書寫如此複雜的情感。然後，我發現，我缺少的不是資格，而是獲得許可的感覺。在二〇一八年世界盃足球錦標賽之後，我得到非常多意料之外的誇讚和媒體關注——也包括那些對於溢美之詞而生的質疑言論及過分渲染的造神運動——這讓我想要退縮，尋找掩護。我渴望保持低調。隨著時間過去，我意識到，我希望低調的原因是出於恐懼，而不是自己真正的想法。當我找出自己的聲音，我發現對那些總是感覺自己不夠好的人也有很大的幫助。我也發現自己對恐懼心態更加關注，我很想面對自己的恐懼，然後與世界分享我的想法。

當然，這需要一支團隊。首先，我得到最棒的家人允許和鼓勵，全家人溫柔地揶揄我，同時也給我很多的愛，特別是媽媽。他們是我所認識最真實的人，儘管有時路途艱辛，但我總是很高興能與他們一起努力。其次，我的丈夫 Abdoulaye 和我的塞內加爾家人也經常激勵我，為我提供了另一種無畏的榜樣。任何認識塞內加爾人的人都知道那種驕傲！再來，我感謝在世界各地不停支持我的朋友，我總能仰賴並向他們傾訴一切。在本書撰寫期間，我特別依靠 Errol，Jane，Mitch，Shane，Catherine，Isobel，Suzanne 和 Carrie，我非常感謝他們的愛、關懷和幽默。

我感謝 Owen Eastwood，他在世界盃及之後的比賽擔任我的盟友和腦力激盪夥伴。我也感謝 Gareth Southgate，Brendon Gale，Damien Hardwick，Stephen Kearney——特別是 Tom Vernon——他們大方無私的領導和開放思想啟發了我。

我也向心理學家和教授 Mark Anderson 博士，Lori Pye 博士，以及 Viridis Graduate Institute 獻上至高的感謝之意，他們不斷拓展我的思維領域，重塑我的世界觀。

感謝 Blair Partnership 的 Rory Scarfe 催促及拉拔，也感謝 Joel Rickett 和 Ebury 的出色團隊讓我義無反顧，動筆寫下這本書：感謝你們的合作與鼓勵。我希望這只是開始。

最後我要感謝耐心深不可測的編輯 Brigid Moss，他在我面臨雲霄飛車般的情緒起伏時陪伴在旁，還讓我回到自己所關心的事情，讓我寫得更有人性、更切中要領，還讓我為了讀者大幅跳脫自己的舒適圈。我實在感激不盡。

參考書目

1 阿卡拉（Akala），《原住民：帝國廢墟中的種族與階級》（*Natives: Race and Class in the Ruins of Empire*，暫譯），二〇一八年，Two Roads 出版。

2 約翰．海利（Johann Hari），《照亮憂鬱黑洞的一束光：重新與世界連結，走出藍色深海》（*Lost Connections: Uncovering the Real Causes of Depression - and the Unexpected Solutions*），二〇一八年，Bloomsbury 出版。

3 喬恩．高登（Jon Gordon），《先在更衣室裡贏》（*You Win in the Locker Room First*，暫譯），二〇一五年，John Wiley & Sons 出版。

4 康拉德．馬歇爾（Konrad Marshall）《黃黑配色》（*Yellow & Blackt*，暫譯），二〇一八年，Slattery Media Group 出版。

5 葛莉塔．通貝里（Greta Thunberg），《人人皆可改變》（*No One is too Small to Make a DIfference*，暫譯），二〇一九年，Penguin 出版。

River
心靈河流 002

內在獲勝

別再假裝堅強，讓心理學博士告訴你如何破除恐懼迷思，找回幸福的驅動力

作者	皮帕．葛蘭琪 (Pippa Grange)
譯者	郭騰傑
主編	楊雅惠
封面設計	兒日
內文排版	中原造像股份有限公司
校對	吳如惠、楊雅惠
社長	郭重興
發行人兼出版總監	曾大福
出版發行	遠足文化事業股份有限公司 潮浪文化
電子信箱	wavesbooks2020@gmail.com
粉絲團	www.facebook.com/wavesbooks
地址	23141 新北市新店區民權路 108-2 號 9 樓
電話	02-22181417
傳真	02-22180727
法律顧問	華洋法律事務所 蘇文生律師
印刷	中原造像股份有限公司
出版日期	2021 年 4 月
定價	500 元

FEAR LESS: HOW TO WIN AT LIFE WITHOUT LOSING YOURSELF
by DR PIPPA GRANGE
Copyright: © DR PIPPA GRANGE, 2020
First published as FEAR LESS by Vermilion, an imprint of Ebury Publishing.
Ebury Publishing is part of the Penguin Random House group of companies.
This edition arranged with Ebury Publishing through Big Apple Agency, Inc., Labuan, Malaysia.
Traditional Chinese edition copyright:
2021 Waves Press, a division of Walkers Cultural Enterprise Ltd.
All rights reserved.

版權所有，侵犯必究
本書如有缺頁、破損、裝訂錯誤，請寄回更換。

本書僅代表作者言論，不代表本公司／出版集團立場及意見。
歡迎團體訂購，另有優惠，請洽業務部 02-22181417 分機 1124，1135

國家圖書館出版品預行編目（CIP）資料

內在獲勝：別再假裝堅強，讓心理學博士告訴你如何破除恐懼迷思，
找回幸福的驅動力／皮帕．葛蘭琪（Pippa Grange）著；郭騰傑譯．
-- 新北市：遠足文化事業股份有限公司 潮浪文化，2021.04
384 面；　公分
譯自：Fear less : how to win at life without losing yourself
ISBN 978-986-99488-2-1（平裝）
1. 自我實現 2. 運動心理

177.2　　110001843